U0723942

象棋——中华民族的传统文化

盛文林/著

台海出版社

图书在版编目（CIP）数据

象棋：中华民族的传统文化／盛文林著． －－北京：
台海出版社，2014.7

（全民阅读体育知识读本）

ISBN 978 - 7 - 5168 - 0411 - 7

Ⅰ.①象… Ⅱ.①盛… Ⅲ.①中国象棋 – 基本知识
Ⅳ.①G891.2

中国版本图书馆 CIP 数据核字（2014）第 174910 号

象棋：中华民族的传统文化

著　　者：盛文林	
责任编辑：侯　玢	装帧设计：视界创意
版式设计：林　兰	责任印制：蔡　旭

出版发行：台海出版社

地　　址：北京市朝阳区劲松南路 1 号　　邮政编码：100021

电　　话：010 - 64041652（发行，邮购）

传　　真：010 - 84045799（总编室）

网　　址：www. taimeng. org. cn/thcbs/default. htm

E - mail：thcbs@ 126. com

经　　销：全国各地新华书店

印　　刷：北京一鑫印务有限公司

本书如有破损、缺页、装订错误，请与本社联系调换

开　　本：655×960　　　1/16	
字　　数：130 千字	印　张：12
版　　次：2014 年 10 月第 1 版	印　次：2021年 6 月第 3 次印刷
书　　号：ISBN 978 - 7 - 5168 - 0411 - 7	

定　　价：29.60 元

版权所有　翻印必究

前　言

象棋，是中华民族传统文化的精髓，是我国传统的棋艺游戏形式之一，源远流长、历史悠久，在我国有着极为广泛的群众基础。

喜爱象棋的名人历代都有，如宋徽宗、文天祥、乾隆等，而堪称象棋国手的有宋代的杜黄、明代的朱晋祯、清代的王再越等，发展到近现代，不少人在中国象棋史上留下了浓墨重彩的一笔。"中国棋王"谢侠逊在抗战期间，作为国家特使赴南洋诸国，以弈棋宣传抗战，为我国民族解放事业作出突出贡献。"魔叔"杨官璘，曾以无敌手的战绩一统弈林，开创了"杨官璘时代"。当代象棋学派的主要奠基人胡荣华，1960年至1979年连续十次蝉联全国象棋个人赛冠军，缔造了"十连霸"的传奇。"羊城少帅"吕钦，截止2004年16次获得全国性象棋大赛个人赛冠军，被评为新中国50周年棋坛十大杰出人物，对中国象棋的发展与传播贡献巨大。中国象棋特级国际大师许银川和蒋川是年轻一代棋人中的佼佼者，是中国象棋界正当红的两颗明星。

象棋作为中国传统文化现象之一，在古代进行文化、商贸的交流时，就已经传播到他国。一般认为在日本十分流行的将棋就是从中国的象戏演变而成；另外缅甸的古象棋和蒙古象棋和我国北宋的象棋相似；朝鲜的象棋和我国现代象棋基本一致；越南象棋和菲律宾、马来西亚、泰国等国的象棋几乎都与我国相同。总体来看，除了在华人群体居多的东南亚地区，中国象棋在世界范围内的推广和影响依然有限，为了扩大影响，近年来中国象棋协会多次选派特级大师出访德国、荷兰、英国、美国、加拿大和越南等国家，进行盲棋、车轮战表演，受到当地爱好者的热烈欢迎。

为促进该项目在世界范围内的推广，2009 年国家体育总局同意将"中国象棋"更名为"象棋"，英文译名采用"Xiangqi"。"象棋"已经列为我国正式开展的 78 个体育运动项目之一。

由于象棋有着广泛的群众基础，深受人们的喜爱，历来赛事频繁。新中国成立后，全国象棋团体赛和个人赛已成为一年一度的传统赛事，亚洲象棋锦标赛和世界象棋锦标赛也分别于 1980 年和 1990 年开始每两年举办一次。而自改革开放以来，国内各种象棋大赛也相继兴起，规格和水平比较高、并已形成传统性比赛的就有"五羊杯"、"棋王赛"、"大棋圣战"、"名人战"等。诸多杯赛的兴起，使得象棋王国更加异彩纷呈，极大地推动了象棋的普及和棋艺水平的提高，也为象棋走向市场开辟了广阔的道路。

象棋运动发展至今，早已超出娱乐消遣、修身养性、训练思维能力、协调人际关系等基本功能，成为国际交往的桥梁、增强各国人民相互了解的纽带。

本书图文并茂，介绍了象棋的基本知识，愿本书能为象棋入门者和爱好者提供帮助。

目 录

PART 1 项目起源

象棋是中国人十分喜爱的一种益智娱乐活动，它是如何起源的，历来有多种说法，在我国古文献中有这样几种有趣的说法：

一、起源于五氏中的最后一位神祇，中国古代神话人物神农氏，如元念常《佛祖历代通载》说："神农以日月星辰为象，唐相国牛僧孺用车、马、士、卒加代之为机矣"。

二、起源于华夏民族的共主，五帝之首黄帝，如北宋晁补之《广象戏格·序》说：象戏兵戏也，黄帝之战驱猛兽以为阵；象，兽之雄也，故戏兵以象戏名之。

三、起源于周武王伐纣时，明谢在杭《五杂俎》说："象戏，相传为周武伐纣时作，即不然，亦战国兵家者之流，盖彼时犹重车战也"

黄帝驱兽战蚩尤

四、起源于战国之时，《潜居类书》说："雍门周谓孟尝君：足下燕君，则斗象棋，亦战国之事也。盖战国用兵，故时人用战争之象为棋势也"

五、起源于北周武帝时，《太平御览》说：周武帝造象戏"。明代罗颀《物源》说："周武帝作象棋"。

不少学者认为，根据相关古籍记载，象棋在战国时期已经流行开来。除上面所提到的《潜居类书》外，汉刘向《说苑·善说》也记载了齐国公子孟尝君下象棋的事："雍门周调孟尝君，足下燕则斗象棋，

亦战斗之事乎，"战国时的作品《楚辞·招魂》中也有"蔽象棋，有六薄些"的句子。所有这些，说明在战国时代"象棋"已经成为一项比较普遍的活动了。因此，可以推定，象棋产生的时间，当在战国之前。但"前"到什么时候？有人认为可以"前"到春秋时期，并认为象棋是模仿当时兵制而产生的。他们的依据是，象棋的"象"，是"象征"的意思，而与动物象无关。比如，以舞蹈象征战斗，则名"象舞"，而以著棋象征战斗，则名为"象棋"。象棋各子的得名，也是由象征不同兵种而来的。这种情况正好与春秋时期的兵制，即将、帅、车、马、士、兵、卒等相吻合。因此，象棋产生于春秋时期是合乎当时历史情况的。

关于象棋起源的问题，由于在史书上缺乏明确的记载，多是以神话和传说的形式见于史籍，所以在学术界至今是众说纷纭，莫衷一是。

PART 2 历史发展

象棋是我国传统的棋艺游戏形式之一，经历了由易到难、由低级到高级、由草创到完美的发展过程。它是华夏民族在长期的历史发展过程中不断创造革新的结晶。

春秋战国时期

春秋战国时期，是我国历史上一个大变革时期，也是我国古代一个文化大发展时期。当时的科学技术、数学、天文学、军事学及体育文艺等都有相当发展。原始的棋艺形式也在这个时期逐步产生，当时统称"博弈"。孔子《论语》说："不有博弈者乎？为之犹贤乎已"。弈指围棋，"博"当时写成"薄"就是早期的象棋。象棋的"形"、"制"大约产生在周代前后。当时的象棋由棋、箸、局组成，对弈双方各有6个棋子，色分黑白，棋子用象牙或骨雕刻而成，名称为枭，卢，雉，犊、塞（二枚）。箸相当于骰子，用竹片制成，局又名曲道，是一种方形的棋盘。对弈时，在棋盘上用投箸的方法移动棋子，决定胜负。春秋战国时期的兵制以5人为伍，加伍长共6人，（六枚棋子，也有一大五小的）所以当时的象棋就是模仿战斗的一种游戏。

秦汉时期

秦汉时期，随着政权的统一，生产的发展，文化事业也得到发展，象棋不是指单一的某种棋戏。当时的象棋包括六博、弹棋等各种棋戏形式，而以搏棋最为盛行。隋代颜之推的《颜氏家训》说："古者大博则六箸，小博则二茕。"大博就是春秋战国时期的棋制，小博则有革新，二者的区别不是"投箸"，而是"掷采以琼"为之，搏棋虽是一种斗智斗巧的游戏，但要"投箸"或"掷采"取胜，侥幸机会多。于是人们不断改革，又有一种叫"塞"的棋戏出现。由于"塞"脱胎于"博"，古代文献中常把"博"、"塞"并称，二者的区别在于"投琼曰博，不投琼曰塞"，可见塞戏已摆脱了侥幸取胜的因素，而要依靠智慧取胜。这是古代象棋的一大革新，并很快在民间流传开来。塞戏在汉代非常盛行也叫格五。西汉王朝还专门设有棋待诏的官职。西汉古墓中出土的塞戏的棋子，有龙、虎两种形制，展现了当时象棋的具体形态。

魏晋南北朝时期

汉末三国至南北朝时期，中国的棋艺又有发展，当时出现了一种新的棋戏形式——象戏。象戏比博塞戏更富有趣味，又不像围棋那么费时，因而很快就赢得人们的喜爱。北周武帝宇文邕特别喜好这种棋戏形式，加以总结，废百戏而制"象经"，并集百僚宣讲解说。当时著名的辞赋家庾信作有《象戏经赋》，王褒作有《象经序》。可见象戏在当时的流传和影响。

隋唐五代时期

隋唐时期，围棋、象棋、双陆等各种棋艺形式都有新的发展。据史书记载，北周武帝所撰《象经》在唐代尚存，唐太宗还曾作过研究。在唐太宗的带动下，象棋在统治阶层中又盛行起来。武则天喜爱象棋入迷，甚至梦中也在下棋。以后，象棋又在文人士大夫当中流行起来，当时的著名诗人白居易、元稹、才子李瑞等都非常喜爱象棋。根据《岑顺》一文所讲到的"宝应象棋"的情况来看，当时的象棋棋子名称有"上将"、"辎车"、"天马"、"卒"（六甲）等。另外，从出土的北宋古锦上的"四大艺术图案"中的棋盘图案来看，当时的象棋棋盘为横竖各 8 个格。这些情况都表明唐代的象棋棋制和现代的国际象棋有很多相似之处，由此可见中国古代象棋和现代国际象棋的一些渊源。

在这里应当指出的是，我国古代的所谓象棋、象戏不是因棋中有"象"而得名，在唐代以前的象棋中从未见过"象"这个棋子。最早的象棋名称是因为棋具用象牙制造。另外，古人也常把象征刺杀技击的舞蹈称为"象舞"。而象棋的初始就是象征战斗的一种游戏，所以公元前 1 世纪，大学者刘向的《说苑》中称象棋是因为"用战争之象为棋势"而得名。"象戏"的名称可能为周武帝宇文邕所创，因为他用《周易》之象解释棋戏的变化。我国象棋中出现"象"这个棋子，可能在五代末期或北宋初期。

两宋时期

宋代是象棋广泛流行和形制大变革的时代，其中之一就是增加了"炮"这个兵种。据民间传说，宋太祖赵匡胤在任后周节度使前曾路过华山，和陈抟老祖下象棋以华山为赌注，并留有单车孤帅巧和车马炮的残局。从现有资料来看，这仅是个后火依托的传说。因为北宋初期的象棋尚未定型，大约又经历了 100 多年的演变，才最后形成今日的中国象棋的基本形制。

北宋时期，宰相司马光非常喜爱象棋，"闲敲棋子落灯花"便是他爱好下象棋的自我写照。他为了让更多的人在一个棋盘上同时下棋，创造了"七国象棋"，把棋盘扩大为纵横各 19 条线，对局者为 7 人，"七国象棋"保留了有关当时象棋的一些资料，从中可以看出当时的象棋有将（以国名代替）、偏、裨、马、炮、卒（以刀剑弓弩代替）等。当时的象棋，尚没有九宫的限制，没有士，马没有蹩腿，象没有塞象眼，棋盘中部也没有河界。

由于象棋在群众中流传很广，介绍棋艺的书籍也纷纷出现。官至起居舍人的尹洙曾作《象戏格》和《棋势》，晁补之作《广象戏》，民间还流传有《大象戏》，《九九象棋》等象棋图书。至北宋末年，宋徽宗赵佶是个琴棋书画样样都能的人，在他的提倡下，宫廷中象棋盛行，连嫔妃也喜爱此道，"象戏宫娥共雅欢"，"白檀象戏小盘平"，就是很好的写照。现从开封出土的一批铜质象棋子来看，当时的棋子为将、士、相、车、马、炮、卒，棋盘是纵十路横九路，有河界，九宫，棋子已由立体的象形改为平面图形或平面象形棋子，实际上已和现代象棋完全相同。

我国古代象棋定型之后，艺术性和娱乐性都大大加强，更得到广大群众的爱好，真是家喻户晓。南宋时期偏安一隅的临安城内，宫廷内设有棋待诏的官职。据《武林旧事》所载，属于象棋的棋待诏有杜黄、徐彬、林茂、礼重、沈姑姑、金四官人、上官大夫、王安哥、李黑子等人，其中沈姑姑是女性。在民间有被称为棋师的专业棋手，还有专门制作棋盘、棋子的作坊、店铺和小摊随时都可以买到棋具。这些都说明象棋已成为人们生活中不可缺少的一个内容。

南宋时期，很多名人都很喜欢下象棋。如著名的抗元将领文天祥，不但非常爱好，"客来不必笼中羽，我爱无如桔里枰"，而且水平很高。一边游泳，一边蒙目下棋，也能应付自如。在他《文山先生全集》中有不少篇都和下棋有关，文天祥被俘后，押在大都狱中仍创作排局，现在知名的有"玉层金鼎""单骑见虏"等四十局，可惜因战乱没有流传下来。

随着象棋的发展，宋代出现了许多象棋棋谱和象棋理论著作。洪迈的《棋经论》13篇，叶茂卿的《象棋神机集》、陈元靓的《事林广记》等，都是象棋理论著作。

特别值得一提的是，象棋作为中国传统文化现象之一，在古代和其他国家进行文化、商贸的交流时，必然有所影响。根据有的史料记载，象戏在唐代传至日本，据日本明治年间出版的日用百科全书《围棋与将棋》认为，日本的将棋是从中国的象戏演变而成。还有的史料说，我国北宋时代晁补之的《广象戏》，司马光的七国象戏，都流传到日本。

我国北宋流传的"大象戏"在北宋也传入日本。距今九百年的日本文献《台记》记录了这一事实。日本将棋联盟编著将棋入门也说，日本的将棋是按照康治元年从中国传去的大象戏改造而成。

另外，南宋定型后的近代象棋最晚在明代也传入日本，因为日本至今仍称现代象棋为"金鹏象棋"可见是受到明代《金鹏谱》的影响。

在与我国相邻的一些国家里，受我国文化的影响更多，象棋当然也不例外。如缅甸的古象棋和蒙古象棋就和我国北宋的象棋相似。朝鲜的象棋和我国现代象棋基本一致，而略有差异。越南象棋和菲律宾、马来西亚、泰国等国的象棋都几乎相同。

元明时期

元明时期，象棋继续在全国流行。到元朝时，《事林广记》一书有多种版本。明初，太祖朱元璋曾禁止一切娱乐，设立"见人博弈者，拘于楼上尽皆饿死"和"下棋打双陆的断手"等残酷刑罚，一时间使象棋受到扼制。但到了明成祖时，象棋又逐渐恢复和流传开来。当时象棋不仅在宫廷和官商中流行，而且普及到农村和妇女当中。

明代曾涌现出一批著名的象棋国手，如李开先、陈珍、张希秋、吴桔稳、吴升甫、吴唐、朱晋祯等，其中以朱晋祯成就最高，他曾独霸棋坛30年无敌手。

明代在象棋棋谱的搜集整理方面也取得了突出的成就。明代辑录的象棋谱很多，据统计约有17种，其中大部分已亡佚。现今尚存的有《梦入神机》《金鹏十八变》《自出洞来无敌手》《适情雅趣》《橘中秘》等，它们都是中国古代象棋技艺的结晶，具有珍贵的价值。其中朱晋祯的象棋棋谱《橘中秘》是对明代几百年象棋博弈经验的总结，在中国象棋史上占有非常重要的地位。

清朝时期

清代，象棋继续在民间流行。康熙（1662—1722）年间，著名国手和象棋理论家王再越在总结前人经验的基础上编成《梅花谱》一书，这是一部在中国象棋史上具有划时代意义的全局谱。其中对顺手炮、列手炮、过宫炮等都做了专门研究，特别是总结出了以屏风马对抗当头炮的着法，超越了明代的当头炮呈雄的局面，使中国象棋技艺上升到一个新的高度。这一时期的象棋高手还有程兰如、刘上林、周廷梅、吴兆龙、薛丙等人。至乾隆（1736—1795）年间，由于乾隆皇帝本人爱好象棋，很多王公大臣也都风从影随，以至历史上曾有乾隆皇帝诏五大臣"殿试棋艺"的传说。当时的著名诗人袁枚，书法家刘墉、官至太史的黄唐堂等人也都是象棋爱好者。民间形成了九大象棋流派，即毗陵派、阳湖派、吴中派、洪都派、江夏派、彝陵派、顺天派、大同派、中州派、江东八俊、河北三杰。可见当时象棋棋坛上人才济济，盛况空前。当时唯有周廷梅转战南北，鲜逢敌手，从学者200余人，一时间独占鳌头，并著有《会珍阁》40卷。

清朝末年，据说慈禧太后也很喜欢下棋。《我的前半生》中记载了慈禧因下棋把一个太监活活打死的实例。虽然这个事实很是残酷，但也可看出在宫廷内仍有很多人爱好下棋。随着清末统治阶级的腐败和国力的衰弱，象棋的发展也受到一定影响，民间虽有巴吉人、陈笙、李荣等高手，但都是独霸一方的象棋骁将，对全国缺乏有力的影响。

清代是中国古代象棋的全盛时期，这一时期先后涌现出大批的象棋棋谱，仅嘉庆（1796—1820）年间张乔栋《竹香斋》收藏的象棋谱就有百余种之多，流传至今的仍不下数十种。其中最著名的当推全局谱中的《梅花谱》和排局谱中的《竹香斋象戏谱》以及《百变象棋谱》《心武残篇》《烂柯真机象棋谱》等。

民国时期

民国以后，由于军阀混战，政局动荡，外部受到帝国主义的欺凌，国难频频。当政者已无心无力涉及棋事，致使象棋在普及和提高上都处于停滞状态。这一时期，著名的棋手有上海谢侠逊、浙江林弈仙、兰州彭述圣、"扬州三杰"张锦荣、王浩然、周焕文，"粤东三凤"曾展鸿、钟珍、黄松轩，山东邵次明，北京孟文轩，湖北罗天扬，天津庞霭庭等，稍后，又有北京张德魁，那健亭，扬州周德裕，山西贾题韬，南京万启有，"广东四大大王"冯敬如，李庆全，卢辉，钟珍等。这些人虽然技艺高超，但生不逢时，一生只在棋枰上不懈追求，有的在解放后仍孜孜不倦地培养后学，对中国的象棋事业起了承先启后的作用。

建国以后

新中国成立后，由于人民生活安定，作为活跃人们生活的象棋运动迅速得到发展，很快有一大批名手出现在祖国各地。如广东杨官磷、陈松顺、上海朱剑秋、何顺安、屠景明，湖北李义庭，黑龙江王嘉良，浙江刘忆慈等。1956 年，人民政府又把象棋列为国家体育比赛项目，逐年举办比赛，1958 年国家体委增设了专门领导这项活动的机构。1962 年，又成立了全国象棋协会。在各种因素促使下，我国象棋运动在普及和提高上都得到了空前的发展。广州市一场高水平的象棋表演观众在万人以上。全国各地的文化宫、工人俱乐部，公园常举办象棋表演，象棋讲座常年不断。各种古谱新诠、各种流派的布局研究都陆续出版，技术水平也相应得到很大提高。

"文革"期间，象棋虽然一度被列为帝王将相的流毒，但它扎根于人民群众之中，特别是在广大农村和城市居民的业余生活中，仍禁而不止。"文革"以后，随着体育事业的恢复和发展，国家体委又颁发了一系列竞赛、裁判、等级管理制度。经过棋艺工作者和棋手们的不懈努力，运动技术水平空前提高。可以说是超出了历史上的最高水平。涌现出很多的杰出人才，如胡荣华、柳大华、李来群、赵国荣、吕钦、徐天红、谢思明（女）、单霞丽（女）、胡明（女）等。

"文革"以前，我国的象棋外事活动只限在港澳地区。1965年曾去过越南进行访问，"文革"以后在改革开放政策的指引下，象棋运动已经走出国门冲出亚洲，推向世界。1978年在马来西亚古晋市成立了有九个国家和地区的亚洲象棋联合会。80年代，我国象棋运动的国际交往日趋活跃，1982年在杭州举行了第二届亚洲象棋赛；1983年国家体委提出将中国象棋世界化的倡议和计划，这一倡议得到亚洲象棋联合会和霍英东先生的赞赏和支持，1984年在肇庆举办了"七星杯"国际邀请赛。亚洲中国象棋联合会一致通过了由中国棋协具体执行"中国象棋（立体）棋子"方案。这是我国象棋国际化的又一次突破口。1985年4月由我国象棋协会主席陈远高为首的我象棋队首次远征欧洲，夺得了第三届欧洲中国象棋锦标赛团体及个人冠军。1986年以霍英东先生为团长的亚洲中国象棋明星队6月5日踏上美洲大陆，转战于美国、加拿大六个城市，受到了热烈的欢迎，为了满足观众的要求，主办单位不得不把表演的后台拆去，以容纳参观者。代表团到德国访问时也取得非凡的效果。现在很多国家都有象棋协会的组织。1988年在北京举办了第四届"七星杯"国际邀请赛，并成立了世界象棋联合会筹委会。由陈祖德任筹备主任。1990年新加坡举行了首届世界象棋锦标赛；1991年9月在昆明举行第二届世界象棋锦标赛，共有来自亚、欧、美、澳19个国家和地区的协会参加了盛会。中国象棋协会还用英文编印中国象棋的教材和规则向国外象棋组织散发。

在把我国的象棋推向世界的进程中，原国防部长、中国象棋协会名誉主席秦基伟不断给予各种关怀和支持。中国象棋协会主席陈祖德，前秘书长刘国斌等都花费了很多心血，做了很多工作，经过五年多的酝酿、商讨、筹备，终于在1993年4月在北京举办"鹰卡杯"第三届世界象棋锦标赛期间，成立了世界象棋联合会，香港著名人士霍英东先生担任主席，陈祖德等8人担任副主席，来自世界20个国家、26个队、

87 名象棋好手纹枰对垒，有 250 多位外国来宾躬逢盛会。

　　为促进该项目在世界范围内的普及和推广，2009 年 2 月 23 日据国家体育总局正式批复棋牌运动管理中心，同意"中国象棋"更名为"象棋"英文译名采用"Xiangqi"。"象棋"是我国正式开展的 78 个体育运动项目之一。

　　象棋运动发展到今天，不仅具有娱乐消遣、修身养性、训练思维能力、协调人际关系等功能，也成为加强国际交往、增强各国人民的了解和友谊的桥梁。

PART 3 目前状况

中国象棋是一项历史悠久、具有广泛群众基础的运动，然而近年来却面临着发展瓶颈——专业棋手数量减少，顶尖棋手年龄偏大，公众和媒体关注度下降，这些都影响了象棋的进一步发展。

面对象棋运动近年来所遭遇的发展困境，中国象棋界上下进行了很多探索。从 2003 年开始推出全国象棋甲级联赛，每年组队出国进行推广普及活动等。不少象棋界人士表示，尽快将象棋运动推入市场，学习围棋等项目实行职业化改革，将是破解象棋发展瓶颈的有效途径。

与同属棋牌项目的围棋和国际象棋比起来，象棋的市场化发展显然是落后的，体现在比赛奖金及棋手收入明显低于前两者。就是在市场化改革进行得比较早的全国象甲联赛中，也曾出现过沈阳队因为赞助问题突然退出的尴尬。

自北京奥运会开展以来，中国象棋协会在国家体育总局"全民健身与奥运同行"、"建设体育强国"等系列工作方针的指导下，抓住举办首届世界智运会和第一届、第二届全国智运会的契机，在行业管理、普及推广、竞赛组织、制度完善、后备人才培养以及国际推广和交流等方面着力加强。特别是在成功创办了全国智运会后，各地政府和体育部门对象棋事业的重视程度明显提高。

中国象棋协会通过广泛开展象棋普及和宣传活动，丰富了人民群众的文化生活。象棋国手三下乡、西部行、象棋大师进学校进社区等专题活动反响热烈。协会还在举办重要赛事活动期间，选调各队优秀选手在赛区以车轮战、盲棋、挂盘讲解等形式，营造棋赛与棋迷互动的良好氛围，使象棋爱好者在与专业棋手近距离交流中，更多地了解象棋运动和象棋文化。

在推动象棋事业发展的过程中，协会还非常注重行业制度标准与规范的建立和完善。随着地方政府的日益重视，参与象棋活动的单位和人群不断增加，协会于 2010 年 10 月制定并出台了全国"象棋之乡"、"象棋基地"称号授予办法，通过鼓励和表彰象棋活动开展较好的地区和单位，用良好的示范效应带动其他地区象棋活动的开展。

2012 年协会还根据项目发展的实际需求，修改了《象棋棋手技术等级标准（中国象棋协会业余序列）》。这个标准的修订将鼓励更多象棋爱好者积极参与赛事活动，不断提高技术水平，促进群众象棋运动的发展。

象棋文化的大繁荣大发展不仅要洞悉本土需求，还应该具备国际化的视野。

与象棋在国内的发展现状类似，象棋在国际领域的普及和推广也遇到了不少困难。"总体来看，除了在华人群体居多的东南亚地区，象棋近年来在世界范围内的推广和影响依然有限"，象棋特级国际大师胡荣华表示，"要想得到持续发展，象棋不能计较一时之得失。只有进一步推动象棋在国际上的发展，使得更多的国外棋手能够对中国顶尖棋手构成威胁，使象棋具备国际意义上的竞争性，才能使象棋焕发出新的生命力。"

作为世象联和亚洲象联会员，中国象棋协会在国家体育总局的指导下，为使象棋成为 2007 年亚洲室内运动会和 2010 年广州亚运会正式比赛项目，做出了卓有成效的努力。在中国象棋协会的积极推动下，世象联在 2010 年成为世界体育总会观察员。象棋项目更多地参与到大型国际综合运动会中，为各国和地区的棋手提供了更多比赛交流的机会。与此同时，中国象棋协会还积极创办多项国际赛事，并邀请海外棋手和教练员参加，为海外棋手提供了非常宝贵的学习交流平台，使得海外棋手的竞技水平有了显著提高。同时为适应国际赛事的需求，协会从 2009 年起还举办了 3 次海外棋手与教练员培训班，选调了徐天红、张国凤、葛维蒲等特级大师或大师担任教练和授课老师，并向海外棋手赠送棋具棋书，对他们学习棋艺提供了有效的帮助。近年来中国象棋协会还多次选派特级大师出访德国、荷兰、英国、美国、加拿大和越南等国家，进行盲棋、车轮战表演，受到当地爱好者的热烈欢迎。

"不过与国际象棋、桥牌、围棋等项目相比，象棋在世界范围内的普及与发展程度还有差距。"现任中国象棋协会主席刘思明表示，客观上象棋与国际象棋比较接近，在国际象棋比较流行的地区进行推广的确有一定难度。而且象棋的棋子以汉字为标记，象棋的普及不可能脱离汉语的普及与推广这个大前提。"当然在主观上，我们也需要进一步调整和拓展思路，更加主动地了解广大海外爱好者的需求。"

"我们的目标也不能太脱离实际，希望通过我们的努力，可以使世象联会员能够逐步增长到40个，达到世界体育总会的标准。"刘思明说，象棋发展比较好的地区主要集中在东亚和东南亚。"我认为下一步的重点应该是欧洲，因为欧洲社会环境比较稳定，经济发展水平较高，华侨也越来越多，我们可以先去帮助当地的爱好者申请注册，然后再加入世象联。"

目前在德英法三个欧洲大国，德国和英国不乏本土的象棋爱好者，而法国主要以华侨为主。"除了要加大在欧洲地区的推广力度，我们也不能忽视了亚洲的一些比较有潜力的国家，比如柬埔寨和老挝。"刘思明说，随着海外棋手整体水平的提高，如果他们能够在顶级个人世界大赛中与中国棋手形成高水平的对抗，那么象棋的外海推广才会更容易开拓新局面。

2012年是象甲联赛创办10周年。通过不断完善联赛赛制，目前象甲联赛已经成为国内影响最大的高水平象棋赛事，同时也让广大学棋的青少年看到了出路和希望。与此同时中国象棋协会还努力完善青少年培训体系，使象棋人才梯队建设呈现良好态势。

近几年来，中国象棋协会始终坚持把培养象棋后备人才放在象棋事业发展的优先位置，充分发挥青年赛、少年赛、儿童赛的杠杆作用，通过比赛挖掘人才、培养人才，并在评选全国象棋后备人才培训基地的过程中，激励地方积极开展象棋活动，增加象棋人才总量，优化人才结构，为我国象棋事业的可持续发展培养优秀人才。协会根据广大学棋青少年的年龄分布情况，进一步细分参赛选手，形成了更加完备的青少年成长的赛事阶梯。这几年来全国象棋青少年锦标赛和全国象棋儿童赛的参赛人数和比赛质量在逐步提高。其中2011年全国少年锦标赛参赛人数为700人，较2007年增长了19.5%，儿童赛从2009年开始举办，到2011年参赛人数已达730人，成为目前国内参赛人数最多的象棋比赛。

不过在国内各项赛事蓬勃发展的同时，女子比赛偏少的格局还没有根本改变。除了一年一度的全国女子团体赛和个人赛，偶尔会有个别的邀请赛。而在过去几年中，主要针对男棋手的比赛在数量和规模上发展迅速。刘思明说："增加女棋手的比赛机会，主要有三个思路，一是创办女子联赛，二是推动商业邀请赛的发展，三是在目前的象甲联赛中增加女子台次，关键是看哪一种方式在当下更加可行。"

刘思明说："象棋与围棋在组织形式上不完全一样，围棋俱乐部制已经比较普及，而象棋目前还主要是以专业队的形式存在。"并表示接下来可以考虑增加针对女棋手的商业邀请赛，至于在象甲联赛中增加一台女棋手的思路，也很值得探讨。"毕竟目前各省市的男队和女队，也都基本上以专业队形式存在，在组织形式上并不冲突。"

"我们希望通过努力和尝试，能够让更多学棋的女棋手看到希望，从而使象棋事业呈现出更加均衡、科学的局面。"刘思明说，"随着我国经济文化的发展，在客观上象棋文化将面临愈加有利的发展环境，相信我们可以齐心协力开创象棋事业蓬勃发展的新局面。"

PART 4　竞赛规则

　　1987 年版《中国象棋竞赛规则》问世十多年来，对象棋运动的发展和技术水平的提高，起到了积极的作用。但随着时代的发展，旧规则已不能适应新时代的发展和节奏。在广大棋手、裁判和象棋爱好者的强烈呼吁下，中国象棋协会于 1998 年 3 月在云南昆明、7 月在北京、10 月在江苏泰州相继召开了三次会议，象棋界众多代表出席了会议，经过认真讨论和研究，数易其稿，一部新的规则终于定稿，并于 1999 年颁布。

　　下面择要介绍由中国象棋协会编写、国家体育总局审定的 1999 年版《中国象棋竞赛规则》。

行棋规定

棋盘和棋子

　　（1）象棋盘由九道直线和十道横线交叉组成。棋盘上共有九十个交叉点，棋子摆在并活动于这些交叉点上。

　　棋盘中间没有划通直线的地方，叫"河界"；划有斜交叉线的地方，叫"九宫"。

　　九道直线，红棋方面从右到左用中文数字"一"至"九"来代表；黑棋方面用阿拉伯数字"1"至"9"来代表。

　　（2）棋子共有 32 个，分为红、黑两组，每组共 16 个，各分 7 种，其名称和数目如下：

　　红棋子：帅一个，车、马、炮、相、士各两个，兵 5 个。

黑棋子：将一个，车、马、炮、象、士各两个，卒5个。

（3）对局开始前，双方棋子在棋盘上的摆法见下图（印刷体棋图规定：红方棋子在下，用阳文；黑方棋子在上，用阴文）。

（4）比赛用的标准棋盘，应每格都为正方形，每方格长宽均应为3.2至4.6cm。每个平面圆形棋子直径应为2.7至3.2cm，大小与棋盘合适配套。棋盘和棋子底色，均应为白色或浅色。棋盘上直线和横线应为红色或深色，四周应有适当空白面积。棋子面色分为红黑两组，字体和圆框应当醒目。

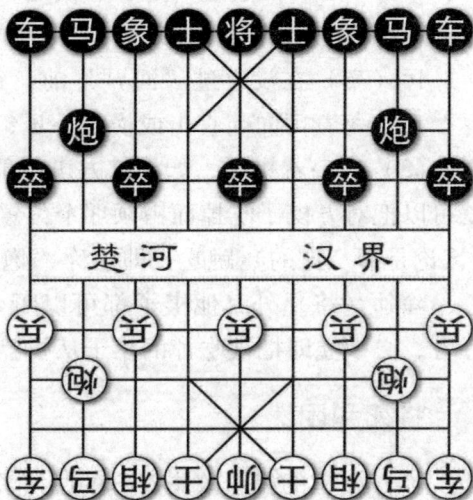

演示比赛用的大棋盘为直式，红方在下，黑方在上。棋盘和棋子大小，应配合场所相应增大。

象棋开局摆法

走棋和吃子

（1）对局时，由执红棋的一方先走，双方轮流各走一着，直至分出胜、负、和，对局即终了。

轮到走棋的一方，将某个棋子从一个交叉点走到另一个交叉点，或者吃掉对方的棋子而占领其交叉点，都算走了一着。

双方各走一着，称为一个回合。

（2）各种棋子的走法如下：

帅（将）每一着只许走一步，前进、后退、横走都可以，但不能走出"九宫"。将和帅不准在同一直线上直接对面，如一方已先占据，另一方必须回避。

士每一着只许沿"九宫"斜线走一步，可进可退。

相（象）不能越过"河界"，每一着斜走两步，可进可退，即俗称"相（象）走田字"。当田字中心有别的棋子时，俗称"塞相（象）

眼"，则不许走过去。

马每着走一直（或一横）一斜，可进可退，即俗称"马走日字"。如果在要去的方向有别的棋子挡住。俗称"蹩马腿"，则不许走过去。

车每一着可以直进、直退、横走，不限步数。

炮在不吃子的时候，走法同车一样。

兵（卒）在没有过"河界"前，每着只许向前直走一步；过"河界"后，每着可向前直走或横走一步，但不能后退。

（3）走一着棋时，如果己方棋子能够走到的位置有对方棋子存在，就可以把对方棋子吃掉而占领那个位置。只有炮吃子时必须隔一个棋子（无论是哪一方的）跳吃，即俗称"炮打隔子"。

除帅（将）外其他棋子都可以听任对方吃，或主动送吃。吃子的一方，必须立即把被吃掉的棋子从棋盘上拿走。

将死和困毙

（1）一方的棋子攻击对方的帅（将），并在下一着要把它吃掉，称为"照将"，或简称"将"。"照将"不必声明。

被"照将"的一方必须立即"应将"，即用自己的着法去化解被"将"的状态。

如果被"照将"而无法"应将"，就算被"将死"。

（2）轮到走棋的一方，无子可走，就算被"困毙"。

胜、负、和

（1）对局时一方出现下列情况之一，为输棋（负），对方取胜：

①帅（将）被对方"将死"。

②走棋后形成帅（将）直接对面。

③被"困毙"。

④在规定的时限内未走满规定的着数。

⑤超过了比赛规定的迟到判负时限。

⑥走棋违反行棋规定。

⑦走棋违反禁例，应变着而不变。

⑧在同一棋局中，三次"犯规"。

⑨自己宣布认输。

⑩在对局中拒绝遵守本规则或严重违反纪律。

（2）出现下列情况之一，为和棋：

①双方均无可能取胜的简单局势。

②一方提议作和，另一方表示同意。

③双方走棋出现循环反复三次，符合"棋例"中"不变作和"的有关规定。

④符合自然限着的回合规定，即在连续 60 个回合中（也可根据比赛等级酌减），双方都没有吃过一个棋子。

比赛规则

摸子、落子、纠正错误

触摸自己方面的哪个棋子，就应走哪个棋子，除非所触摸的那个棋子，按行棋规定根本不能走，才可以另走别的棋子。

触摸对方的棋子，就必须吃掉那个棋子，只有当己方的任何棋子都无法去吃时，才可以另行走子。

先触摸自己的棋子，后又触摸对方的棋子，处理顺序如下：前者必须吃掉后者——无法吃掉时，必须走动前者——前者无法走时，必须用别的子吃掉后者——别的棋子也无法吃掉后者，另行走子。

先触摸对方的棋子，后又触摸自己的棋子，处理顺序如下：后者必须吃掉前者——无法吃掉时，必须用别的子吃掉前者——均无法吃时，必须走动后者——后者也无法走动时，才可以另行走子。

同时触摸双方棋子，处理顺序同上一条。

摆正棋子必须事先争得对方同意，而且只能在自己走棋的时间内进行，否则以摸子论处。如系明显误碰某个棋子，不作摸子论处，

一着棋走了以后，不得再予更改。落子生根，以手离开棋子为准。

纠正先后走颠倒或棋子被意外挪位等错误，应及时进行，局后不受

理。若错误系违反行棋规定。

计时

正式比赛，采用具有两个钟面的专用计时钟，分别累计双方的走棋时间。赛前明确规定第一方在一定时限内必须走满一定的着数。对局双方必须在走棋后，方可按钟。忘了按钟，裁判不予提醒。根据比赛性质与规模，并有利于比赛不致出现封局，可选用以下几种计时方案。

（1）第一时限，每方在 90 分钟内必须走满 40 着。以后每 15 分钟内必须走满 10 着，直至对局结束。

（2）第一时限，每方在 60 分钟内必须走满 30 着。以后每 10 分钟内必须走满 10 着，直至对局结束。

（3）第一时限，每方在 10 分钟内必须走满 40 着。以后每 5 分钟内必须走满 30 着，直至对局结束。（适用于快棋赛）

（4）每方每 5 分钟内必须走满 30 着，直至对局结束。（适用于快棋赛）

（5）每方时间包干使用，不计着数，先超时者判负。

记录

将走棋着法准确地记录下来，叫着法记录，简称记录。要看懂棋书（谱）和作对局记录，就必须掌握记录方法。现代的记录方法，也是规定的记录方法，有两种：一是完整记录；二是简写记录，即为前者的简化记法。

完整记录，是正式比赛中规定采用的记录方法，在正式印刷出版的棋谱书刊中均以此为准。这种记录方法是，对一着棋依次用四个字来表示：①走动的棋子名称；②数码，表示该棋子没走动时所在纵线（路）的位置；③棋子走动的方向名称，用"进"（或上）表示向前走，用"退"（或下）代表向后走，而用"平"表明是沿横线移动；④也是数码，但它表示棋子走动后新到达的纵线（路）位置，或为进退的步（格）数。着法记录中的数码，按规定：红方用一到九的汉字；黑方则用阿拉伯数字的"1"至"9"。关于纵向的"路"和横向的前后进退等方位标记方法，我们在前一节"棋盘和棋子"中已讲述。现根据上述记录方法，"炮二平五"这着棋的含义就是：①要走的棋子是"炮"；②炮原在二路上，而且从"二"可判定是红炮；③平字表示炮为横走，④到达的新位置是五路，即中路。因此，"炮二平五"就是指红炮从原来的纵向二路，横移到五路即中路位置上。再如"车 8 进 2"这一步棋，就表示：黑方原在 8 路上的车，向前走两步（格）；"炮七退四"则为红方的七路炮，向后走四步。

　　简写记录方法是，一着棋只依次用三个字表示：①走动棋子的名称；②走动棋子原在何"路"，用阿拉伯数字表示；③该棋子新到的位置即"路"，或进退的步数，也用阿拉伯数字表示。第②③都用阿拉伯数字表示，其目的是方便，有利于比赛中节约记录时间。至于棋子的进或退的方向，用"一"符号表示：若标记在第③的阿拉伯数字上面，就为"退"；如标注在下面，则为"进"。例如，"车八退五"简写为"车85"；"炮3进4"简写成"炮34"。如果棋子横走，即"平"，则不用符号，例如"车七平五"和"炮3平6"就分别简写为"车7 5"和"炮3 6"。这种记录方法比较简便，也能加快记录速度，可用于比赛记录中；其缺点是不便于区分红黑两方的着法，因此在正式印刷出版的棋谱书刊中一般不采用这种方法。

　　此外，在棋谱书刊中，还常用两个表意符号："！"和"？"。它们都用在一着棋记录的后面，如"车二进六！"和"马3退5？"。"！"表示这着棋是好棋或妙着；"？"则表示坏棋、"败着"或有问题的棋。

犯规

（1）对局时，一方出现下列情况之一，即为犯规：

①在对方走棋时间内，无故提出问题，或有其他构成干扰对方注意力的行为。

②在对局进行中，擅停、擅开棋钟。

③提议作和经对方拒绝后，连续提出。

④提出自然限着和棋，经审核不属实。

⑤摸触了己方不可能走动的棋子。

⑥摸触了对方的棋子，而己方的任何棋子都无法吃掉它。

⑦连续漏记着数超过规定。

⑧违反棋手须知中的有关规定，而情节尚不严重者。

（2）凡判处"犯规"，裁判员应当场明确宣布并及时记录。

比赛通则

比赛办法

一、淘汰制。参加比赛的人（队）数较多，时间较紧，可酌情采用单淘汰制、双淘汰制或其他淘汰方式，并适当安排预选赛、附加赛。

二、大循环制。在人（队）数不多而时间许可的条件下，可采用这一制度。通常采用一局制，人（队）数较少时也可采用两局制。

三、分组循环制。在人（队）数较多，不便采用大循环制的情况下，可以根据棋手（队）的等级分或比赛成绩排定"种子"，分成若干组循环初赛，从各组选出一定人（队）数进行决赛。

四、积分编排制。在人（队）数较多，赛程较短，而"种子"又不易安排的情况下，可以考虑采用积分编排制。

附录：国内竞赛的编排原则和具体方法

（一）运动员（队）人（队）数宜为双数。

（二）预先确定并宣布比赛进行若干轮，此轮数应根据参赛人（队）数和录取名额确定，大致可为淘汰赛时所需进行轮数的一倍，适当有所增减，但最低不要少于七轮，以减少偶然性。个人比赛的轮数宜取单数，使运动员之间先后走局数尽量趋于平衡，最多相差一先。

（三）每轮均重新为全体运动员（队）编排一次，以确定对手和先后走。相遇过的对手不再编对，同时尽量照顾到每个人（队）先后走局数的平衡。

具体编排程序如下：

（1）第一轮应当根据运动员（队）的"等级分"（队的平均"等级分"）或以往比赛成绩排定序列，也可决定以其中一种为主结合进行。对无等级分的棋手用抽签方法排定先后顺序，列在有等级分棋手的后面（按照以往比赛成绩排列时，可比照此法执行）。然后分成人（队）数相等的上、下两组，以抽签方式由每组各出一人（队）编对，并抽签决定先后走。

（2）从第二轮起，每轮由最高分按积分段（一个积分段有时由一个以上分数层组成，例如一个9分，三个8分，或一个9分，两个8分，一个7分等，均应作为一个积分段统筹考虑）逐段向下编排，同分者编对。同分者已相遇过或无同分者，则以近分者编对，至全部排通为止。

比赛几轮之后，由上至下不能全部排通，出现受卡情况时，可从最低分向上排到卡住的地方，使之全部排通。如仍排不通时，则将由上排下来的最后一对或几对拆开重排，直到全部排开为止。原则上是由高分到低分向下编排，应当力求保持在高分层中的适宜性，确实行不通时，再从下向上解决，防止不必要的由两头向中间靠拢，以保证编排工作的合理性和竞赛的准确性。

（3）在首先服从同分或近分者对弈的原则下，应尽量平衡每个人（队）先后走的次数，优先安排多先者与后者编对，但不得因此影响积分段配成最充分对数的可行性。在多先或多后条件相同者对弈时，抽签决定先后走。

（4）在已多走二先或多走二后的两个运动员（队）相遇时，应尽量避免出现连续走三先或连续走三后的情况，应首先平衡连走二先或连走二后一方的先后走，除非均系连走，才抽签确定先后走。

在中途各轮已经考虑平衡先后手的情况下，如果在最后一轮中，出现相差三先的配对，亦不拆开重排。

（5）为了尽可能避免高分得先后走次数的过于不平衡，由倒数第三轮起，凡是积分不等的运动员（队）相对，按"低分服从高分"的原则，优先平衡高分一方的先后走。但到最后一轮，先后走无法平衡或无法接近平衡时，则只平衡相差1分（队为2分）和1分以上（队为2分以上）高分一方运动员（队）的先后走。若两人（队）相差仅0.5分（队为1分），仍以抽签决定先走方。

（四）全部编排工作应采用抽签与人工编排相结合的方法进行，适合抽签时以抽签为主，不宜于抽签时则进行人工编排。

采用抽签，必须符合以下原则：

（1）该积分段本来可以做到在平衡先后走的前提下进行的充分配对，不致由于采用抽签而出现障碍。

（2）即使平衡先后走的要求难以全部满足，该积分段本来还可以做到的充分配对，不致由于采用抽签而受到妨碍。

不违反上述原则时，具有同等条件（积分相同或先后走次数相同）的各号可以参与抽签，反之，就应进行人工编排。

提前做好预排准备工作，以便为顺利找到最佳抽排方案，打下良好基础。

（五）确定抽签先后顺序的原则，依次是：

（1）"从高调低"。即由高分抽低分。

（2）"以少调多"。例如在获得 7 分的这一层中，有五个三先二后的和三个二先三后的，就应由后者抽前者。

（3）"单数轮次由小号先抽，双数轮次由大号先抽"。按前例，后者的三个号再按本款执行。

但在执行上述原则时，如存在较难配对的"受限制号"，可作为特殊情况，优先排，以免卡不通。

确定先后走的抽签方法可酌情采用。

（六）如遇规定编排时间已到，而有的对局尚未结束的情况，进行编排时，可暂时先按双方和局计分，事后无论该局结果如何，本次编排内容均为有效。

（七）关于同一单位运动员（队）是否需要回避配对的问题，可由竞赛组织机构事前研究确定并写入补充规定中。

团体赛比赛种类

（1）分台定人制。比赛按台次顺序分台定人进行。各参加单位报名时，必须根据技术水平高低排定本队棋手的台次。全国性比赛，以最接近比赛前一次公布的棋手等级分作为衡量棋手技术水平高低的依据。等级分高者，台次应列前，无等级分者排在有等级分棋手的后面。

（2）分台换人制。准许各参加单位增报一定名额的替补队员，台次的排列原则同上一条款。各轮比赛出赛者可以有所不同，但台次顺序不能前后颠倒。例如：比赛分四台进行，另有两名替补队员，则出场顺序可以是 1－2－3－4，也可以是 1－2－3－5，直至 3－4－5－6 共十五种顺序，每场比赛各队可以从中自选一种。

（3）临时定台制。各队在每一场比赛开始前，临时排定本队队员的出赛台次，与对方队相应台次的棋手对弈。

（4）全队轮赛制。适用于队与队之间的对抗赛，一方所有队员与另一方所有队员逐一对弈。

（5）队员总分制。比赛不分台次，按照各队棋手参加个人赛成绩之和来计算团体赛成绩。

先后走确定

（1）循环制个人比赛，按照下面《循环赛对局秩序表》来确定，表上每轮号码列前者执红棋。

（2）循环制团体比赛，凡在《循环赛对局秩序表》上每轮号码列前的队，其单数台棋手均执红棋，双数台棋手均执黑棋。

（3）积分编排制比赛，按照附录二中的有关条款来确定先后走。团体比赛"先走"的队，其单数台执红棋先走，双数台则执黑棋后走。

（4）淘汰制比赛，进行"猜先"。团体赛的先后走，办法与上面（2）（3）两款相同。

（5）两局制比赛，不论个人赛还是团体赛，第一局猜先，第二局互换先后走。

附录：《循环赛对局秩序表》

一、使用说明

（一）在循环赛开始前，按参加人（队）数制成由 1 至若干的顺序签条，每一运动员（队）抽得一号。比赛开始，依照附表规定的配对号码逐轮对弈，号次在前的运动员执红棋先走，在后的执黑棋后走（如果是团体赛，则号次在前面的队，单数台均执红棋先走，双数台由另一方执红棋先走）。若比赛是两局制，则各轮第一局执红棋先走者，在第二轮改执黑棋后走。如为多局制，可依次类推。

（二）若参赛的人（队）数是单数，则附表每轮第一栏内未加括弧的那一号运动员（队），在该轮轮空。

二、编排方法

当参加人（队）数超出附表所列的范围时，竞赛组织机构可以按照以下方法编排需用的"循环赛对局秩序表"。

（一）比赛人数成双时，所称"最大号"即棋自身不变；而人数成单时，须将参加人数加1，补成双数的"最大号"，如5人的比赛，则"最大号"系指6，依此类推。比赛总轮次数，必然是"最大号"减1。

（二）第一轮，可概括成为16个字，即："首尾相对，依次靠拢，人数逢单，1号轮空。"

（三）第二轮，"最大号"肯定执先，以后逐轮转换先后走，直至比赛结束。

（四）每轮"最大号"的对后，必然是上轮表中位置排在最后的那个号。"最大号"的这一对，永远列在最前面。

（五）其他各对，从第二轮起，每轮的编排规律是："上轮跨邻相遇，前后顺序依然，从后往前配对，直至全部排完。"

循环赛对局秩序表（例子）

若参加者5或6人循环

轮次	对局者		
一	1－6	2－5	3－4
二	6－4	5－3	1－2
三	2－6	3－1	4－5
四	6－5	1－4	2－3
五	3－6	4－2	5－1

若参加者7或8人循环

轮次	对局者			
一	1－8	2－7	3－6	4－5
二	8－5	6－4	7－3	1－2
三	2－8	3－1	4－7	5－6

四	8－6	7－5	1－4	2－3
五	3－8	4－2	5－1	6－7
六	8－7	1－6	2－5	3－4
七	4－8	5－3	6－2	7－1

成绩计算

（1）每局棋结果，胜者1分，负者0分，和棋各记0.5分。

（2）团体赛记分，分别记"场分"（团体分）和"局分"（个人分）。每场棋结果，局分多者为胜，场分记2分；局分少者为负，场分记0分；局分相等者为平，各记1分。

名次确定

（1）在一局循环制的个人比赛中，根据个人积分排列名次，积分多者列前。如积分相等，则按以下顺序区分：小分。胜局。直胜。犯规。无法区分，则名次并列。

（2）在一局积分编排制的个人比赛中，同样根据个人积分多少排列名次。如积分相等，则按以下顺序依次区分：对手分，胜局。犯规。无法区分，则名次并列。

（3）在一局循环制的团体比赛中，根据各队所得场分多少排列名次，多者列前。场分相同时，则按以下顺序依次区分：全队总局分。全队胜局。直胜。全队犯规。无法区分，则名次并列。

（4）在一局积分编排制的团体比赛中，同样根据各队所得的场分多少排列名次，多者列前。场分相同时，则按以下顺序依次区分：团体对手分。全队总局分。全队胜场。全队犯规。无法区分，则名次并列。

（5）在队员总分制（无论循环制或积分编排制）的比赛中，根据各队棋手个人名次总和多少排列名次，少者列前。如相等，则按以下顺序区分：最高个人名次。次高个人名次。全队犯规。无法区分，则名次并列。

（6）冠军或不宜并列的名次，应安排加赛或在赛前补充细则中作出明确规定。

PART 5　场地设施

根据 1999 年版《中国象棋竞赛规则》相关规定，对赛场环境提出了以下要求：

（1）进入赛场的所有人员，必须保持赛场安静和维护良好的比赛秩序。

（2）赛场禁止吸烟，禁止一切有碍公共场所文明卫生的行为。

（3）确定赛场，应充分考虑竞赛规模、交通条件以及通风、保暖、遮阳、照明、无噪声干扰等因素。

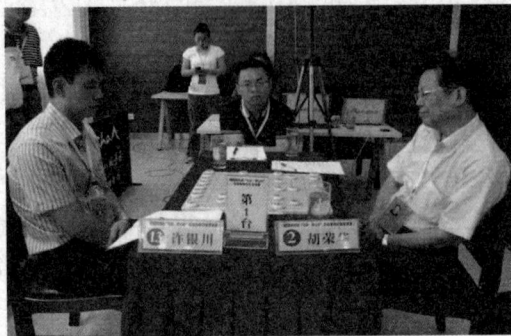

中国象棋对弈现场

PART 6 项目术语

棋盘术语

九宫：将帅活动区域棋盘的"米字格"，当对方棋子逼近时，通常要转为防守。

中线：棋盘中第五条直线，五（5）代表中路。

肋道：中线左右的四、六（4、6）路，属于攻防要道。

边线：棋盘的一、九（1、9）路纵线。

底线：双方最低的一条横线。

巡河：一方的棋子（一般指车、炮）在己方河界上。

骑河：一方的棋子在对方河界上称骑河。

底二路：双方从下向上数第二条横线。

河界线：双方从下向上数第五条横线。

兵行线（卒林线）：双方从下向上数第四条横线，兵（卒）的初始位置所在横线。

宫顶线：双方从下向上数第三条横线，九宫的最高位置。

棋子术语

边马：位于一路或九路的马。

屏风马：指马二进三或马八进七。

盘河马：开局时指位于三路或七路己方河头线上的马。

高钓马（侧面虎）：位于三路或七路对方卒林线上的马。

钓鱼马：位于三、八（3、8）和七、八（7、8）两点上的马。

卧槽马：位于三、七（3、7）或七、七（7、7）两点上将军的马。

窝心马/归心马：位于九宫中心的马。

连环马：两马互为根，互相保护。

穿宫马：马从九宫的一边跳到九宫的另一边；开局泛指飞象后马由底线穿过九宫中路到士角位。

反宫马：以双正马士角炮为主体的开局阵式，亦称"夹炮屏风"。

士角马/挂角马：位于四、八（4、8）或六、八（6、8）两点上的马。

绊脚马：去路被阻的马。

拔簧马/梭里拔簧：在马后车的配置中，跳马露车的一种战术。

八角马：指进到对方士角挂角将军，并将对方的将（帅）逼到与"挂角马"成对角位置的马。

双马饮泉：双马逼近九宫的一种战术，亦为一著名残局的名称。

边炮：位于一路或九路的炮。

蝶炮：炮二进一。

重炮：两只炮于前后排列威胁将军，使对手之将军设防也不行，不设防也不行。

巡河炮：位于己方河头线的炮。

担杆炮：两炮中间有一子（通常为相），互相保护。

空头炮：炮和对方将帅中间没有任何棋子。

窝心炮：位于九宫中心的炮。

沉底炮：炮移动到对方底线。

冷巷炮：位置隐蔽的炮。

边车：位于一路或九路上的车。

肋车：位于四路或六路上的车。

沉底车：车移动到对方底线。

贴身车：贴着将帅的车。

兵（卒）行车：位于兵（卒）林线的车。

花心车：位于九宫中心的车。

高头车：位置高而出路开扬的车。

低头车："低头车"是高头车的反意词，也叫"暗车"。泛指位置不佳、至少要走一步或多步之后才能投入战斗的车。

重线车/同线车：横排无阻隔的两只车。

守丧车：被牵制而动弹不得的车。

巡河车：位于己方河头线的车。

骑河车：位于对方河头线的车。

篡位车："车"置于将帅的原位。

双车错：同一方双车在部局范围内交错移动。

大刀剜心/大胆穿心：以车闯入宫心的一种弃子入局着法。

小刀剜心/大胆穿心：以兵闯入宫心的一种弃子入局着法。

局面术语

先手与后手：从广义上讲，先手与后手是棋局形势主动与被动的代称。一方形势主动易走称"先手"，或称"占先"；另一方相对来说形势被动，但没有明显弱点，称"后手"。先手与后手的棋局形势相差不大，二者可以相互转化。从狭义上讲，一方走棋如具有将、杀、捉等作用，另一方必须应付，这时，一方所走的棋称为先手；另一方应付的棋称为后手。

反先：一方在后手的情况下，走出好着，夺回主动，使棋局形势优于对方，但双方差距并不太大，这种局面叫做"反先"。反先就是反夺先手的意思。

优势与劣势：优势与劣势也是针对棋局形势而言的，一方明显好走，或在子力上获得利益，或在形势上掌握了棋局的主动权，称为"优势"，也叫"占优"。在一方占优的情况下，另一方肯定损兵折将，或者被动挨打，就是处于"劣势"。优势与劣势在形势上有明显差距，二者的关系在一定条件下可以互相转化。

胜势与败势：一方子力占优，或者控制了局面，有明显进攻取胜的机会，称为"胜势"，另一方即为"败势"。胜势和败势也是针对棋局形势来说的，一般情况下胜势一方可以取胜，败势一方必败。

均势：双方势均力敌，难分上下，或者都有进攻机会，各有千秋，此时形势称为"均势"。

入局：一方在胜势的基础上，通过连续"将军"或步步"要杀"将死对方。这一系列着法称为"入局"。

疑问着：一方走棋，或进攻不力，或防守无方，称为"疑问着"，也称"疑问手"。疑问着一般包括"软手"、"缓手"、"随手"等。疑问手是指此着有问题，值得商榷。在棋谱中一般用"？"表示。

漏着：一方走子没有走到点子上，或失子，或给对方以进攻机会丧失主动权的着法称为"漏着"，也称"失着"或"败着"。"漏着"一般是考虑不周，计算不准造成的。在很多情况下，一个漏着就可能断送一盘好棋。俗话说"一着不慎，满盘皆输"就是这个意思。

妙着：一方走子能够达到得子、解围，或获得进攻机会的着法统称为"妙着"，也称"妙手"。"妙手"一般出乎对方意料之外，能够获得棋局的主动权。有时甚至能直接导致棋局的胜利，在棋谱中"妙手"一般用"！"表示。

诱着：一方走子使对方产生错觉，引诱对方上当的着法称为"诱着"。"诱着"是为了让对方忽略此着的真实意图而被假象所迷惑，从而蒙受损失。

官着：双方按棋局的必然发展正常应对的着法称为"官着"，也称"正着"。"官着"一般指的是特定棋局的正确走法，如不这么走就可能给本方带来不利影响。

飞刀：在开局阶段，凡一方不按常规走棋，独出心裁走出新的布局变化，让对方措手不及而取得较大布局优势的走法称为"飞刀"。"飞刀"一般是布局的创新，它能使对方防不胜防。"飞刀"的出现是布局推陈出新的必然产物。

有根子与无根子：凡有己方其他棋子保护，不怕对方子力价值相当或子力价值较高的棋子威胁的棋子称为"有根子"。凡没有己方其他棋子保护，或虽有保护，但仍会受到对方子力价值较低棋子威胁的棋子称为"无根子"。

打："打"一般是对方必须应付的着法，双方走子凡具有"将"、"杀"、"捉"、"抽"等作用的着法统称为"打"。

闲：双方走子凡不具有"打"的作用的着法统称为"闲"，也称"闲着"。

绝杀：一方走子造成对方将（帅）不可避免地要被将死，这种局面称为"绝杀"，俗称"没改"、"无解"，就是将（帅）无法解救的意思。"绝杀"一般指一方将（帅）被将死前的棋局局面。

例胜：残局阶段双方形成一些常见棋形，如果按正常应对，一方必胜，另一方必败。这些经过大量实践反复验证，并被棋界公认的棋形称为"例胜"，也称"官胜"。"例胜"在残局作战中具有广泛的指导作用，它能告诉人们双方形成怎样的棋形才能取得胜利。

例和：在残局阶段形成一些常见棋形，如果双方正常应对都没有战胜对方的可能，这些经过大量实践反复验证，并被棋界所公认棋形，称为"例和"，也称"官和"。"例和"具有广泛的指导作用，它能告诉人们什么样的棋形是双方都无法取胜的棋形。

封棋：赛棋时如果规定的比赛时间已到，对没有赛完的棋局，应在裁判长统一安排下进行封棋。封棋就是弈战双方把没有赛完的棋局记录下来，交给裁判员保管，在合适的时间再开封续弈。如果不是比赛，而是棋友间进行手谈，由于时间问题也可以封棋，由双方将棋盘上没有结束的棋局记录下来，以便在双方方便的时间里重新续弈。

复盘：双方弈战结束后，根据象棋记录把弈战的全过程重新显现在棋盘上，逐步进行研究，从中找出胜负的原因，称为复盘。复盘是提高象棋实战水平的重要手段，它可以帮助你找出弈战过程中的利害得失，总结出经验和教训，初学者最好能养成复盘的好习惯。

行棋术语

捉：一方走子直接威胁对方子力，准备在下一着把它吃掉，这种手段称为"捉"。"捉"是进攻手段，通过这个手段可以获取子力上的优势或达到争先的目的。

抽：通过"将军"或连续"将军"吃掉对方子力的手段叫"抽"，也叫"抽将"。"抽将"是对局中常用手段。通过"抽将"，可以吃掉对方子力，获得较多物质利益。

闪：一方移动一个棋子后，另一个棋子能够"将军"，而移动的棋子又不具有吃子的作用，这着棋就叫"闪"，或叫"闪将"。"闪将"一般是运子手段，对局者可以利用"闪将"把棋子运动到对己方有利的位置上去。

兑：一方先让对方吃掉一个棋子后，再吃回对方一个相同兵种的棋子，双方进行相同价值的子力交换，称为"兑"，或叫"邀兑"、"兑子"。双方不同棋子进行交换，只要棋子价值相当，也称为"兑"。"兑"是攻守中常用手法，可以通过兑子打破僵局争夺先手，也可以通过兑子减轻压力简化局势。

拦：一方走子阻挡对方棋子，不让它通过，但不具有捉子的性质称为"拦"，或称"拦挡"。"拦"是防守手段，它不让对方棋子发挥进攻作用，使己方阵地相对安全。

杀：一方准备在下一着"将军"或连续"将军"，使对方将（帅）无法"应将"，这着棋就称为"杀"或称"要杀"。"要杀"是进攻手段，它一般是取得棋局胜利的前奏。

封：一方走子封锁对方子力，限制它的活动自由，缩小它的活动范围。这种走法称为"封"。"封"可以充分发挥己方棋子的效力，限制对方棋子发挥作用，它可以争取到较多的活动空间和进攻时间。

压：一方走棋压住对方棋子，限制它的活动自由，同时不具有捉子的性质，称为"压"。"压"一般是为了延缓对方棋子的出动速度。

拴：一方用车牵制对方车、马，或车、炮的活动自由，称为"拴"。"拴"是重要的牵制手段，它可以限制对方子力发挥作用；它也是重要的得子手段，在很多情况下都能使被拴方失子。

拉：一方用炮拉住对方车、马或车、炮，使其失去活动自由，称为"拉"。"拉"主要起牵制作用，同时也是重要的得子手段。

跟：一方用棋子盯住对方有其他棋子保护的棋子，限制它的活动，但不具有捉子的性质，称为"跟"。"跟"是牵制手段，它可以牵制对方子力，使其不能放手发动进攻。

串：一方用炮串打对方两个没有其他棋子保护的子，称为"串"，或叫"串打"。"串打"是重要的得子手段。

献：一方为了达到某一目的，主动把一个没有其他棋子保护的棋子送给对方吃，对方吃掉后，将（帅）不会立即发生危险，在子力上也不会马上遭受损失，这种主动送吃的走法称为"献"。"献"在攻和守中均可使用。

弃：一方主动放弃一个棋子让对方白白吃掉称为"弃"，也叫"弃子"习惯上把用己方价值较大的棋子去换取对方价值较小的棋子也叫做"弃"。"弃子"是为了争夺棋局主动权或谋取和棋时常用的手段。

塞：一方走子塞住对方象眼，使对方双相（象）失去联络，不能发挥防守作用，这种走法称为"塞"，或叫"塞象眼"。"塞象眼"能削弱对方相（象）的防守能力，是进攻手段之一。

困：一方用于困住对方子力，限制它发挥作用，或准备吃掉它，这种走法称为"困"。"困"是重要的谋子手段。

等：一方走子没有明显的进攻目的，而把走子权转让给对方，称为"等"，也叫"等着"。"等着"是对局中的高级手法之一，一般是在双方棋局相持不下，谁先打破平衡对谁不利时，一方走了一着与主要战场关系不大的棋，把走子权转让给对方，迫使对方走子打破平衡，从而寻找机会，夺取主动。

顿挫：一方在运子过程中，根据攻守的需要，先进行"打"的威胁（将、杀、捉、抽），使对方不得不应，然后把子运到预定位置，这种走法称为顿挫，顿挫是重要的行棋步调和运子次序，一般可以便宜一步棋，从而争得攻守的时间和速度。

将：一方走子威胁对方将（帅），准备下一着把它吃掉时，这着棋就称为"将"，也称"将军"或"照将"。"将"是进攻及取胜手段，它的目的是为了把对方将（帅）直接将死或将其逼到不利位置，进而把它将死。

应将：一方"将军"时，另一方必须应将。应将就是被将军的一方为了解除对方棋子对己方将（帅）形成的威胁而采取的应对着法。

禁止着法：对局双方在某一局势中出现为竞赛规则所不允许的循环不变、重复某一局面的着法。违反棋例的一方，按规定必须变更着法。如不变着则判为输棋，而对方获胜。

允许着法：对局中出现双方的着法重复、循环不变。而属竞赛规则所允许的着法。凡属允许着法，如双方不变着，则作为和棋处理。在实战中，处于较为被动或弱势的一方就常利用这一规则而谋求和局。

杀着术语

高兵：泛指不低于对方卒（兵）林线的兵（卒）。

低兵：泛指低于对方卒（兵）林线的兵（卒）。

底兵/老兵：位于对方底线的兵（卒）。

过河兵：高于己方河头线的兵（卒）。

兄弟兵：双兵（卒）联在一起。

对头兵：双方未过河的兵卒在同一路上向着对方。

花心兵：位于九宫中心的兵（卒）。

咽喉兵：在宫心线上接近九宫的兵（卒）。

两头蛇：把三路兵和七路兵挺起的阵式。

二鬼拍门：双兵逼近对方九宫的一种战术。

夹车炮：车炮或车双炮前后互相配合的一种战术。

马后炮：泛指炮在马后，以马限制对方将帅的退路，兼以炮向对方叫将。

天地炮：一炮从中路牵制对方中士中象，另一炮从底线牵制对方底士底象。

铁门栓：以炮镇中路限制对方士象的活动，兼以车或兵（卒）守着对方的将（帅）门。

炮碾丹沙：车炮在底线成将，从而杀去障碍（主要是士象）成杀势。

车炮抽杀：泛指炮在车后时，一面跳炮吃子，一面露车叫将，令对方顾此失彼的一种战术。

海底捞月：车炮或车兵在对方底线逼使对方将帅离开中路的一种战术。

羊角士：一士支在九宫上角，一士守在宫心。

花士象：士（仕）和象（相）由不同方向支起。

光帅：无守备的将帅。

山顶帅/山顶公：位于宫顶线的将帅。

PART 7 **战术技术**

开局的五项原则

象棋开局阶段的划分以双方六个强子是否基本出动为标准，它一般是指对局开始后的 8 至 10 个回合。在这么短的阶段中要想完成开局任务就必须遵循开局的五项原则。现把这些原则分述如下：

一、尽快出动子力。下棋和行兵打仗一样，应尽快展开兵力，让它们到战场上去发挥作用。切忌一个棋子在开局阶段移动多次，影响其他子力的布子速度。

二、两翼平衡发展。将（帅）两侧称为两翼。在开局阶段，两翼的车、马、炮必须同时出动，均衡发展。切忌一翼子力轻率冒进，另一翼子力却按兵不动。如果这样，必然引起两翼失调，前后脱节，导致被动局面。

三、各子要有内在联系。在开局阶段，子力布置必须要有内在联系，各子彼此支援，相互照应，组成一个进可攻、退可守的有机整体。切忌各子互不联系，各行其事，杂乱无章地摆在棋盘上。如果这样，必然攻无力，守无方，陷入被动局面。

四、抢占要点、子路通畅。对局之初，双方轮流走子，机会均等。但棋局的主动权却在无声无息地转移着，这主要是由于双方棋子布置的位置不同，发挥的效力不同造成的。因此布局阶段各子应抢占棋盘上的战略要点保持棋子活动路线的通畅，使各个棋子能充分发挥作用。否则棋子必然形同虚设，难以发挥应有的作用，使棋局陷入被动。

五、灵活多变，勇于创新。开局阶段，子力部署应灵活多变，决不能千篇一律，墨守陈规。棋无定法，对局时应经常调整自己子力排列的阵形。要善于学习前人的经验，要勇于创用新式的阵法。子力布置只有多变，才不易被对方所掌握，阵法只有创新，才能出其不意，一举获取战场主动权。

开局五项原则是从大量实践中总结出来的，遵循五项原则，就能顺利地完成开局任务，违背五项原则，哪怕只违背了其中一条也将丧失战场主动权，陷入被动局面。下面举两个例子从正反两个方面来说明这个道理。

例1

①炮二平五　马2进3

②马二进三　炮8平6

③车一平二　马8进7

④兵三进一　卒3进1

⑤炮八平六　象7进5

⑥马八进九　车1平2

⑦车九平八　炮2进4（图7-1）

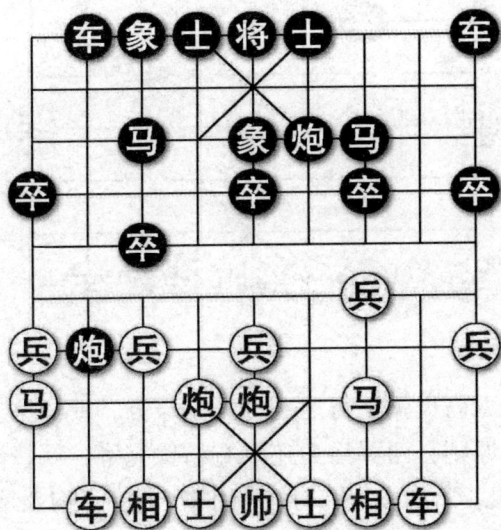

图7-1

如图局面双方布局基本结束，双方两翼子力均已出动，各有一条车控制侧翼线要道，各有一只马出路通畅。双方马，炮在布兵线上相依成势，结构协调。黑方7路马虽然无子保护，但9路车随时可以策应。双方在布局阶段都遵循了布局五项原则，都完成了各自的布局任务，形势大体相当。

如果红方第五回合不走炮八平六，而径走马三进四，采取急攻冒进的办法，将陷入被动局面，试演变如下：

⑤马三进四？　象3进5

⑥马四进五　　马3进5

⑦炮五进四　　士4进5

⑧炮八平五　　车1平4　黑方反先（图7-2）

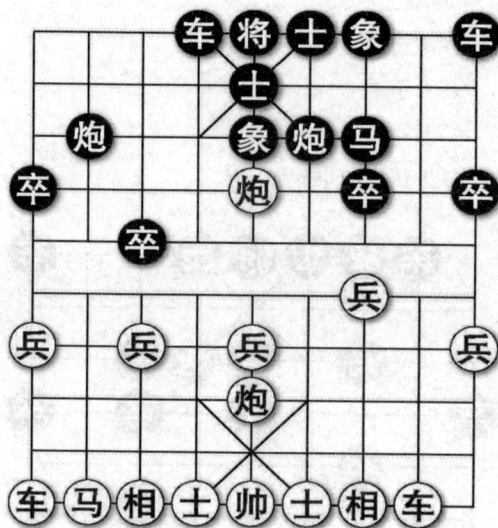

图7-2

如图局面红方已失去先行之利。究其原因，就是第五回合马三进四违背了布局五项原则，两翼兵力还没有布置完毕，就轻动冒进，结果后续部队跟不上去。红方马、炮对中路的攻击，不但没有给黑方造成威胁，反而加快了黑方出子速度，得不偿失。现在黑方中路巩固，车占肋道，马、炮配合协调，显然占优；相比之下红方阵容显得单薄，左翼车、马未动，即使跳马亦无好路，如果马八进七易受黑车攻击；如果马八进九，中兵失去保护。这样红方各子失去协调，前后脱节，陷入被动局面。

例 2

① 炮二平五　马 8 进 7

② 马二进三　车 9 平 8

③ 车二平一　马 2 进 3

④ 兵三进一　卒 3 进 1

⑤ 马八进九　卒 1 进 1

⑥ 炮八平七　马 3 进 2

⑦ 车九进一　象 7 进 5

⑧ 车九平六　车 1 进 3（图 7 - 3）

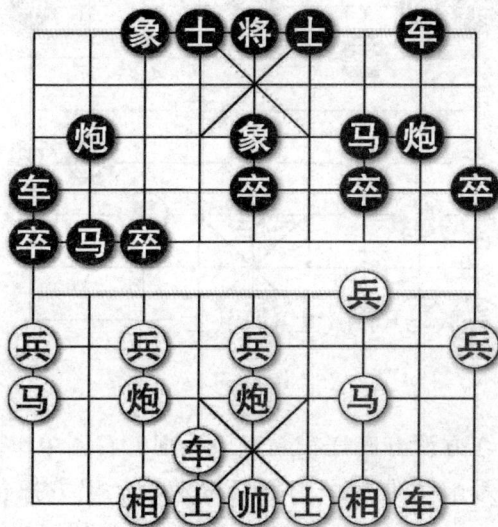

图 7 - 3

　　如图局面双方布局结束。红方两翼子力均已出动，双车占领要道，出路通畅，布兵线上的马、炮配置协调，相互间都有内在联系；黑方两翼子力配置理想，右车坚守卒林，布兵线上的马、炮通过象建立联系，构成了完整的防守体系。双方都遵循了布局五项原则，红方虽仍然保持先行之利，但黑方阵容严整，足可抗衡，双方形势大致均等。

　　如果红方第五回合不走马八进九而走车二进六，抢先急攻，将给黑方以可乘之机，现试演变如下：

⑤车二进六　象3进5

⑥车二平三？炮8进4

⑦相三进一　士4进5

⑧兵三进一　车8进2（红车不能吃马，因炮8平7可打死红车）

⑨车三平四　炮2进1

⑩车四退二　车1平4（图7－4）

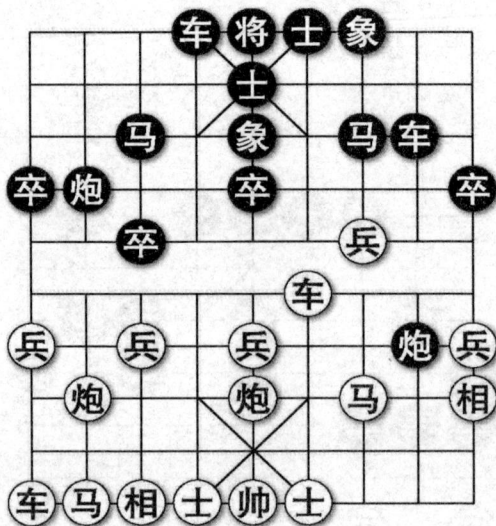

图7－4

如图局面，红方没有遵守布局五项原则，右翼单车深入敌阵，虽然抢渡了一兵，但影响了左翼子力展开的速度。黑方抓住红车冒进的弱点，巧妙地利用攻击红车的机会巩固了中路，加快了出子速度。结果黑车抢占肋道，右马随时可以出击，左炮牵制红方三路马，窥视底线的攻击，黑方显然已夺得了战场主动权，红方布局之始就陷入被动局面。

开局五项原则可以帮助初学者在布局阶段行兵列阵，有效地展开兵力，初学者应反复领会五项原则的精神，决不能死记条条。随着全国棋艺水平的提高，布局理论有了新的发展，在全国棋类大赛中，有些棋手出于战略的考虑，打破了均衡出动子力的惯例，让一翼子力衔枚疾进，压迫敌阵，而让另一翼子力随后增援，这就是不平衡布局法。初学者在掌握布局五项原则的基础上，对布局理论的新变化也应有所了解。

常用的起手着法

开局的第一步棋，被称为起手或起着。起手，按走子兵种可以分为炮、马、兵、相四大类。其中，以炮开局的着法在古今对局中最为常见。下面以炮、马、兵、相为序，将常用的起手着法作一简介。

中炮　起手走炮二平五或炮八平五，因炮安中路而名"中炮"，也叫当头炮或中宫炮。中炮，是先手进攻的强烈着法，意在发动中路攻势。它立即威胁到对方中卒，迫使对方上马保卒或斗炮应着。明朱晋桢《桔中秘》称："起炮在中宫，比诸局较雄。"中炮开局自古以来就是象棋开局的主流，并形成了"以炮斗炮"和"炮马争雄"两大开局体系。

顺手炮　双方起手都摆中炮，因炮走同向得名。如图7－5所示，为双方前两个回合弈成的局势。①炮二平五、炮8平5，②马二进三、马8进7。顺手炮属于对攻型开局，主要特点是：双方以炮斗炮，针锋相对，很容易弈成博杀激烈且棋路复杂多变的局势。以后如接走③车一平二、车9进1，则形成"顺炮直车对横车"阵式；如为③车一进一、车9平8，就弈成"顺炮横车对直车"的局面。这两种阵型及其发展变化，是顺手炮开局的基本形式。这里应注意的是：红方②马二进三如改走炮五进四贪吃中卒，黑方补右士后再马8进7捉炮，下一步车9平8就

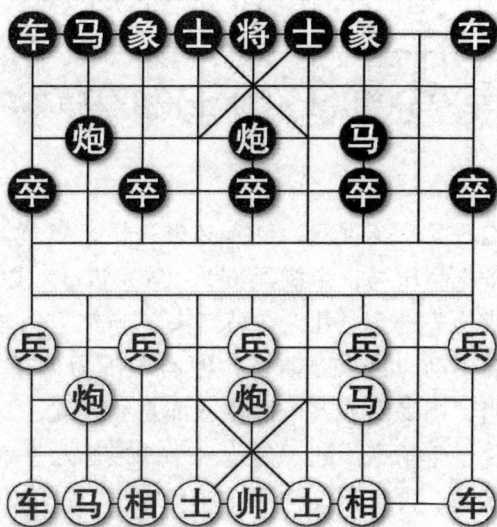

图7－5

抢先出车了。这样，红方虽得一卒，但失去先手，无便宜可占；而黑方以一卒换得补士、跃马出车之利。所以黑方起手应以炮8平5，并不担心红方炮五进四打卒一着。

列手炮　也属斗炮局，但不如顺手炮常用。起手红方炮二平五，黑方应以炮2平5，如图7-6所示，从同一方向看，两炮逆向故又称"逆手炮"。在开局阶段，双方都用相同的着法布阵，一般说来对先手一方有利一些。这种开局着法，很容易形成双方子力各集中于一侧，各攻一方，对攻性很强烈，而且棋路偏于凶险。

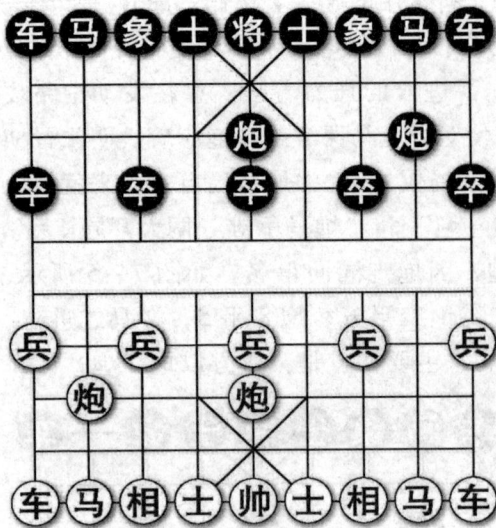

图7-6

过宫炮　开局走炮二平六（或炮八平四，反向，但意义相同），因炮过将、帅中宫得名。因集双炮于一侧，故四川地区习称"偏锋炮"。对过宫炮，黑方一般都用进攻性的中炮应着。图7-7为双方开局前五个回合弈成的棋势。双方着法是：①炮二平六、炮8平5，②马二进三、车9进1（抢先横车控肋）③车一平二、车9平4，④士四进五5 如改走车二进九吃马，则黑方车4进6吃炮后又一车捉双，红方必失一子，黑优）、马8进7，⑤车二进六（准备吃卒压马，牵制黑方）、马2进3（以后准备挺中卒，再走马3进5或马7进5，用"夹马当头"与红方对攻）。过宫炮开局，利于右翼车马出动，且攻守兼备，但由于子力偏重于左翼，如以后的着法稍有不当，则易形成各子因壅塞而自相倾轧。

士角炮　起手走炮二平四或炮八平六，因置炮于士角而得名。以后跃马、再出车，伺机布成反宫马或单提马阵式。这种开局着法最早见于《桔中秘》，但只有歌诀而无谱着。其诀曰："炮向士角安，率行二路前；过河车炮上，炮又马相联；车先图士象，马将炮向前；敌人轻不

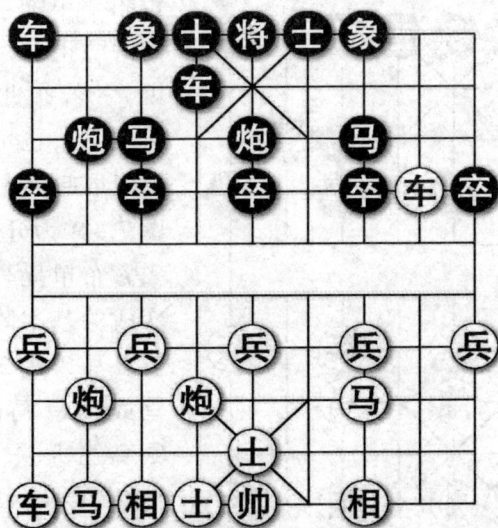

图 7–7

守，捉将有何难。"现在有的棋手据此研究并用于实战中。

起马局　开局起手"跃马"，可谓"两军对垒，一马当先"，属稳健型着法。意在观变随机而动，与对方斗功力。它有两种着法：一是马二进三或马八进七，习称上"正马"，常弈成屏风马、反宫马或单提马开局；二是走马二进一或马八进九，俗称"边马"或"偏马"，一般都弈成单提马开局。

屏风马　对局中一方双马正立并踞，保护中兵（卒），因状如屏风而得其美名。如图 7–8 是中炮对屏风马的基本阵式，黑方为屏风马局。双方对弈过程是：①炮二平五、马 8 进 7，②马二进三，马 2 进 3。屏风马局，各子力配备均衡，且在可攻可守之间，棋路稳健而多变，富有较大的反弹力，可以对付中炮局的各种攻着。其基本战略思想是：以"静"制"动"，诱敌深入，在防御中伺机反击。屏风马开局最早见于明《适情雅趣》、《桔中秘》等古谱，但详其变化，并有所创新的是清《梅花谱》、《吴氏梅花谱》和《梅花心法象棋谱》等古谱。以后又经不断改革与创新，棋路变化更加细致、深刻，如今屏风马已成为棋战开局的一大主流。

单提马　开局中一方的双马，一上正马、一跳边马所形成的阵式，

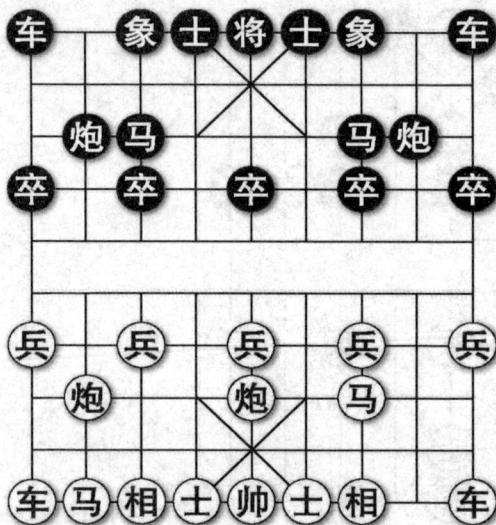

图 7-8

也叫"单蹄马"（因屏风马为两匹正马，有"双蹄"之说）。若布此阵，起手可先跳正马，也可先跳边马，但一般以起手先跳正马的为多。图 7-9 为开局前两个回合，黑方布单提马应红方中炮所弈成的基本阵式。①炮二平五、马 2 进 3（准备走单提马或反宫马的基本特征），②马二进三、马 8 进 9。单提马的基本特点是：使己方七类棋子联为一体，形成紧密互保的阵式，力求迅速活动各种子力，在防御中寻机反击。它可以应付各种开局，但在对付中炮来讲，略嫌中防薄弱（因只有一马守卫中卒）。

反宫马 它是由双马一炮，即互相联系的三着棋所形成的一个阵式，如图 7-10 中黑方为反宫马局。双方对弈过程是：①炮二平五、马 2 进 3（要布反宫马的基本特征），②马二进三、炮 8 平 6（炮安士角，搭起反宫马的架子），③车一平二（也可走车一进一）、马 8 进 7（如改走马 8 进 9，则成单提马开局）。反宫马着法源出屏风马，因两马夹一士角炮，故又名"夹炮屏风"。

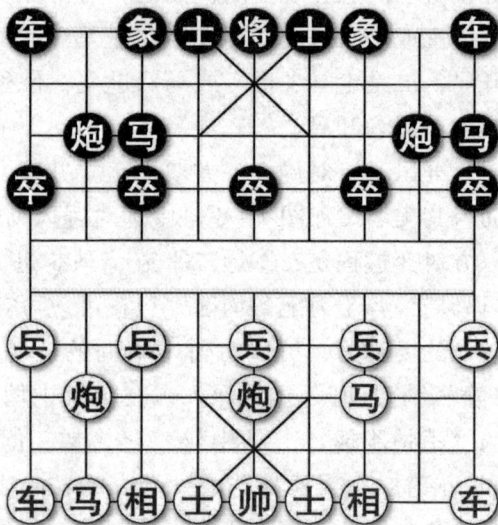

图 7-9

反宫马开局是七十年代后流行于棋坛的，我国著名棋手胡荣华尤长此道，并写有《反宫马》专著。反宫马棋路变化复杂，攻守兼备且有较强的反弹力，在实战中，常以奇兵突起而克敌制胜。

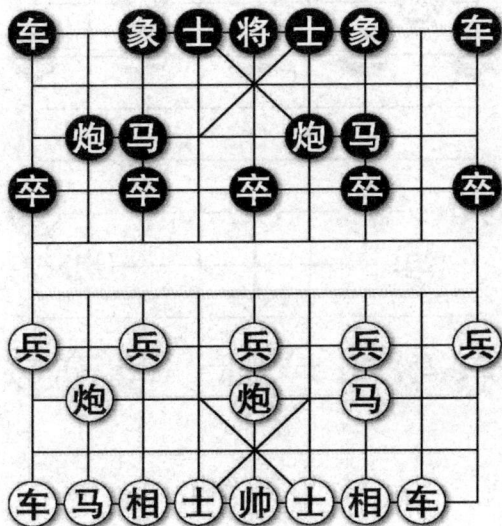

图 7－10

兵局（仙人指路）　以兵三进一或兵七进一起手开局，意在先畅马路，静以观变，伺机而动。因一子当先投石问路，是攻是守，采用何种阵式，其意向莫测，故此着有"仙人指路"的雅号。仙人指路着法含蓄，变化多端，刚柔并济。实战中后手一方多以卒底炮、对兵局、飞象局等应着。

卒底炮　红方先走兵三进一后，黑方起手以炮8平7应着，因炮位卒后，故名卒底炮。它是对"仙人指路"的一种积极反应，立即反击，威胁对方三路，故又有"小当头炮"之称。在古谱《桔中秘》中，以其着法含蓄、锋芒内敛，称卒底炮为"敛炮"，如图7－11所示。

对兵局　指双方都以"仙人指路"开局，红方兵三进一，黑方也卒3进1，双方起手一样。这种开局着法：双方互相试探棋路实力，开局策略因势随机而定，局势变化多端，多于细微处斗功力。一般说来，选用这种开局方法的棋手，应具备一定的开局知识和中残功夫。

飞相局　开局起手走相三进五或相七进五，叫飞相（象）局。飞

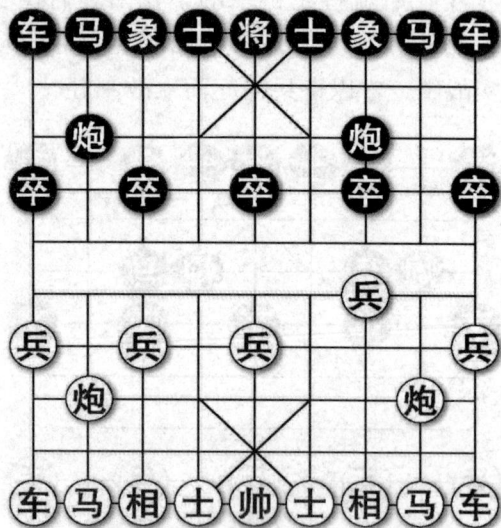

图 7-11

起中宫象后，双炮成"担子炮"，先巩固己方阵地，再观对方动静来布阵列势。其基本的战略指导思想是：以逸代劳，稳扎稳打，步步为营，意图与对方较量功力来决定胜负优劣。因飞象局没有直接给对方造成压力或威胁，故对其应着，走炮、马、卒、象皆可，在三两步内难以断定优劣。飞相局由来已久，现仍流行于棋坛，并出版有《飞相局专集》。

明朱晋桢《桔中秘》记有《象局诀》和《破象局诀》两首，一立、一破，意味深长。为有助于得"象"之真"诀"，现录于后以供参考：

《象局诀》："象局势常安，中官士必鸳。车先河上立，马在后遮拦。象眼深防塞，中心卒莫前。势成方动炮，破敌两旁边。"

《破象局诀》："一炮在中宫，鸳鸯马去攻。一车河上立，中卒向前冲。引车塞象眼，炮在后相从。一马换二象，其势必英雄。"

中局的格杀要点

中局，通常指一局棋的中间阶段。双方在开局中完成子力调配，布阵列势基本就绪，开始转入正面接触的攻防战斗，便步入中局了。经若干回合的搏杀格斗，盘面上双方残余子力不多，且能从局势上大致分出优劣胜败时，便转入残局。当然，实战中也常有只经中局一战便决出胜负的，故不能狭义理解中局就一定是指全局的中间阶段。

一般说来，开局阶段即前十来个回合，双方都在调运子力，抢占要道据点，布阵蓄势；着重于战略布署，这是开局的主要特征。若反映在盘面上，双方主要子力已基本出动，局面结构或者说是阵型已基本定型，双方的攻防计划的主要趋向也基本明确，便可认为中局战斗就开始了。进入中局后，双方子力相对集中于某一局部，或中路、或侧翼、或底线，攻防矛盾比较显明突出，明显地形成攻杀、防守或对攻的战斗局势，棋路变化复杂，棋战中也多采用运子争先、兑子谋子、弃子夺势等等战术手段，双方短兵相接，子力都有较大的伤亡，这些都是完全不同于布局阶段的一些基本特点。

中局阶段，从时间上讲是布局阶段的继续或延伸，就其实质内容而言，是布局战略战术思想的具体化和实施，也是将布局阶段所列出的阵型加以发展，让所蓄之势通过具体战术组合发挥出来，直接获得一定的战果。

中局是全局的一个关键阶段，它对一局棋的胜负（或和棋）起到决定性的作用。中局阶段讲究战术，我们除了要学习研究它以外，还应注意中局战斗中的下述三个要点：

一是审形度势。判断双方局势的优劣得失，寻找决定全局胜败的要着。审形度势即审势，在一局棋的每个阶段都必须进行。严格讲，每走一着棋都应先审势后走子，不能见子打子，随手走棋。在刚入中局之时，重在权衡双方布局的先后得失，以便作出中局阶段的攻防进退的战略决策。在整个中局阶段，因局面复杂、棋路多变，因此审势之要点在于选择棋路，识别棋局中的先后手，判断走子后的得失。

二是以争先夺势为上。初学象棋的人往往能直接感受到子力多少上的优劣，但对"先、后手"及"棋势"上的好坏，往往体验不深。直到兵临城下，九宫告危之际，才直观地感到"先"走一步之功和有杀"势"之力。棋诀有"得局胜三子"之说，就是指在棋局中占先得势，特别是威胁到对方将帅之时，其作用大大地胜过得对方的子。因此，在中局战斗中要树立争先夺势的战略思想，应逐步地克服子"实"势"虚"的错觉。当然，对"子"、"先"、"势"的相互关系上，应该做到"弃子须要得先，捉子莫教落后"，要"得势舍车方有益，失先弃子必无成"。这些都是古今棋手从实战中得出的经验总结。

三是讲求战术手段。在中局战斗中，争先、得子、取势，都是通过各种具体的战术手段来达此目的的。对局中要灵活运用各种战术，乃至对一兵一卒的取舍都不忽视战术的运用。中局战术手段较多，各具不同的特点和技巧，下面将设专节作介绍。

中局的战术手段

中局战术手段是组织运用各种子力，进行某一局部上的战斗方法和技巧。中局战术目的是要取得直接的战斗成果，即占先、得子、取势，或者直接构成杀势取胜。中局战术很多，这里着重介绍一些在实战中较为常用的兑子、捉双、紧逼、牵制、运子、弃子等六种最基本的战术手段。

一、兑子

对局中双方的相同兵种的棋子，或不同兵种的棋子之间，进行子力上的等价交换，叫兑子。但实战中，兑子作为一种战术手段，决不是单纯地进行子力兑换，而是有其战术目的的。因此，不能机械地按双方兑换子力的大小来评定其得失，而应结合具体的局势来分析兑子的战术效果。中局的兑子战术目的，一般说来是通过子力兑换后，达到争先占优或简化局面、解危等意图。

图7－12，双方子力相等、局势平稳，但红方的车、马被黑方的车牵制住，略感不便。现轮红方走棋，如何打破这种局面，活跃子力呢？这就需要采用兑子战术来达此目的。如按一般的走法，红方车八退三捉马，互兑马后虽能摆脱牵制，但演弈下去多为和局。只要仔细审局，就会发现红方有一步好棋，可以兑掉黑方卒林上的车，并赚得黑方一象从

而打破平衡局面。红方的走法是：①马三进五！车8平2，②马五进七、将5平4，⑧马七退八。这样红方用"先弃后取"的手段，用马"照将抽吃"兑掉黑车，并赚得一只黑象。借兑子赚象（或士、卒等）在实战中颇为常用，而且常能起到打破双方对峙或平稳局面的战术效果。

图7－13为兑子争先抢攻的一个战例。红方七路马位于黑方炮口之下，若被吃

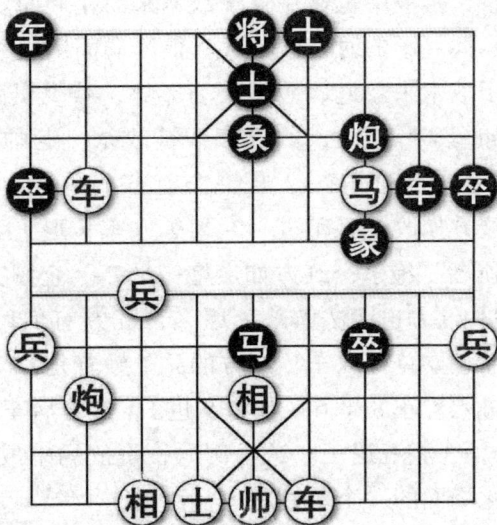

图7－12

则立即形成黑方炮打双车，又伏叠炮攻底相的杀着。在此危局下，红方最好的应着就是运用兑子战术，以"一车搏双"争得先手，集中子力攻击黑方左翼空门。于是红方走：④车七退一（准备一车换马、炮）！

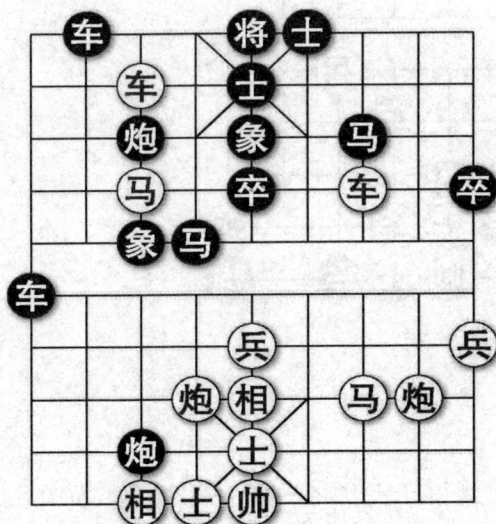

图7－13

马4退3，③车三进一、士5退4（如改走炮3退5？则炮二进七、象5退7，车三进二吃象，红方伏有闷宫杀、抽车等凶着，大占优势），③炮二进七、象5退7，④车三进二吃象或车三平七吃马，均属红方先手占优。"一车搏双"是实战中很习用的兑子手段，常能起到意想不到的战术效果。

在多子占优的情况下，为确立胜局防止对方节外生

枝，实战中也常用兑子战术来简化局面。这对占优一方来讲，比较容易掌握兑子的时机或分寸。但当局面出现危机或处于下风时，也有运用兑子战术来救危、缓解被动形势，减少棋路变化，及时谋求和局的问题。如图7-14中，红方底线被攻杀，老帅危在旦夕：红方如走士五退六（企图解闷宫杀）？但黑方有车7平6！帅五平四，车8进9妙杀入局；红方如改走后车进一？则黑方车7退1！相五退三、车7平5，成"平顶冠"绝杀；红方如走炮一平二（企图弃炮解杀），然而黑方走前炮平8！红方也无法解杀。那么，红方有何解救之策呢？这就是兑子战术，而且要兑掉双车！红方的兑子妙着是：①兵四进一！士5退6，②前车进六！车8平6（如将5进1，红方后车进七杀）。③车四进八、将5平6，④相五退三。这个例局，是危局中成功运用兑子战术化险为夷，简化局面的一个范例。

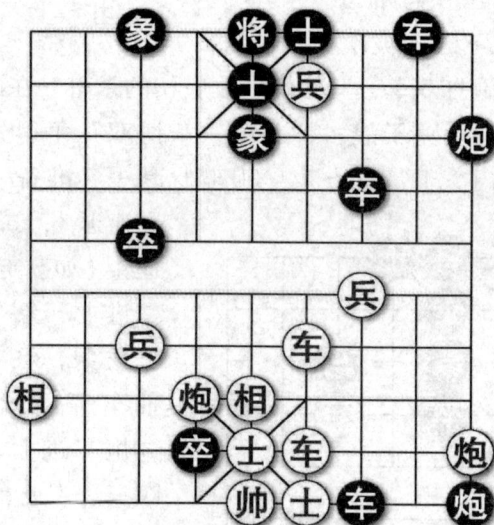

图7-14

二、捉双

它常指"以一击二"力图达到得子占优的一种基本战术。如在兑子一例提到的红马卧槽"照将抽车"，就是典型的以一（马）击二（将、车）的战术实例。对局中要想走一着棋马上就捉双。一般是不可能的。而必须临局及时抓住对方子力配备不当或某个弱点，采用攻子捉双、兑子捉双等手段，迫使对方就范，而达到捉双的目的。

在图 7 – 15 中，黑方双马一炮都是无根子，子力之间联系不紧、配合不当。红方针对黑棋的弱点，及时用车攻黑方 6 路马，借势捉双得子。着法是：①车二进六（攻马，暗伏捉双）、马 6 退 4（如马 6 进 5，红车二退二也必得一子），②马八进六、炮 6 平 4，⑧车二平六（捉双），至此。车捉马、炮，必得一子。

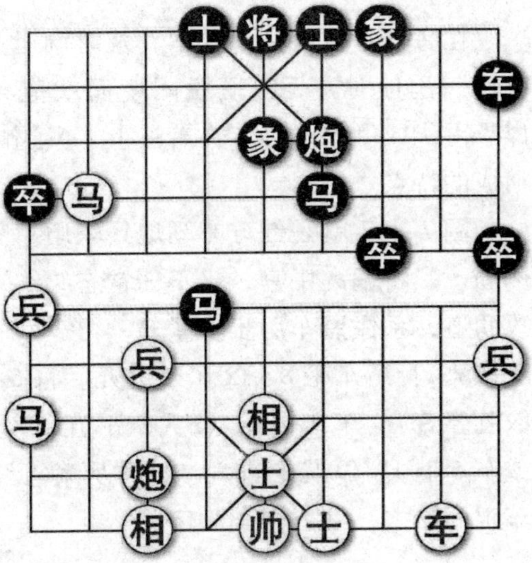

实战中构成捉双的局面往往是暗伏的。前例中"以一击二"比较明显，但有时也会出现两子不是被一子捉吃，而是在两处

图 7 – 15

各被对方一子捉吃的情形。图 7 – 16 就是这种"捉双"的一个例局。红方先走：①车五进二！明为兑车，实则捉双。因为，如果黑方走车 8 平 5，则形成红方一路车捉住 8 路马，红四路马踏车踩炮的局面。这样，红方先以一路车吃马"将军"，再用马吃车，必得子占优。①车 6 平 8，②车五平二、车 8 退 4，③马四进六。至此，红方以兑子捉双的手段，得黑方

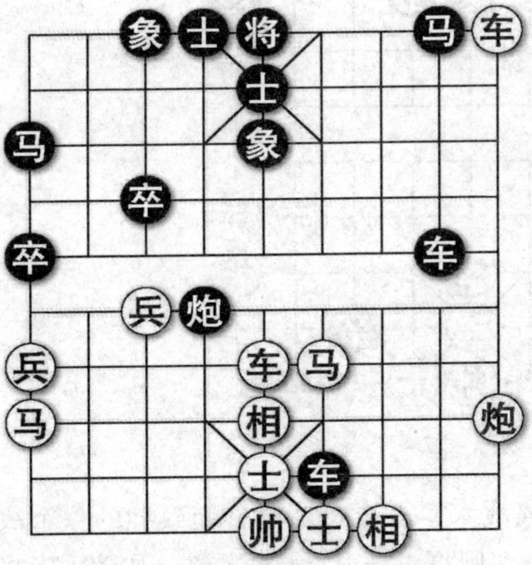

图 7 – 16

一炮，并仍牵住黑方车、马，明显地占取优势。

三、紧逼

在有先手攻势的情况下，及时调运子力，步步捉吃敌子或叫杀其将（帅），迫使对方无法摆脱困境而就范。紧逼战术的直接目的主要是：谋子占优或做杀取胜。在着法上，紧逼战术一般都具有步步紧扣，一气呵成的特点。

图7－17就是红方车马炮兵联用，紧逼攻车，从而得子占势的一个例局。黑将偏离中宫，士不守常态．红方及时抓住战机：车入底线，炮攻肋道，系住黑车后步步紧逼，得车而胜。其着法是：①前车进六（兑子取势）！后车平8，②车二进九、将6进1，③炮五平四（照将拴车，取胜要着）、车9平6，④兵六平五、车6进2，⑤车二退五、车6进1或车6退1，⑨马七进六。红方从第④至⑥着法，为必然走法，步步逼车捉而吃之，红方得车胜定。

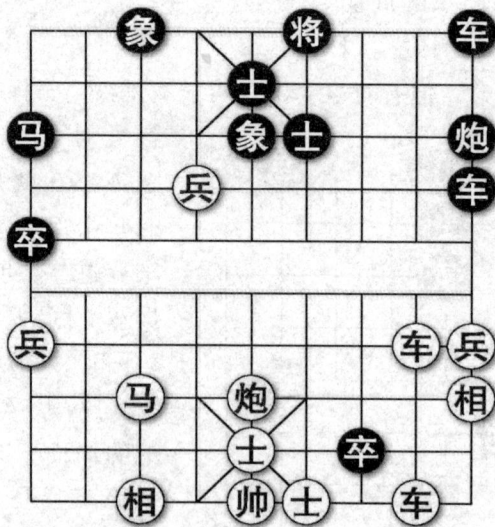

图7－17

图7－18，为红方采用紧逼战术，步步叫杀黑将而致胜的一个战例。此时，红方如先走马七进八？则将4进1（解杀要着，如随手走将4平5？则马八退六、将5平4，炮四平六、卒3平4，炮五平六、车6

平4，炮六进四"马后炮"杀，红胜），以后红方就无后续手段，那么黑方便死里逃生了。红方的正确走法是：①车八进七（进底线捉象叫杀，是取胜的第一步要着）！炮5进4（如改走炮5平3或炮1平3，车八平七、将4进1、车七退二、车6平5，车七进一"双将"、将4退1。车七进一，红方速胜），②炮四平五，象7进5，③马七进八！将4进1（如将4平5，车八平七杀）④车八平七（吃象后暗伏车七退一将军后车七平五的"柳穿鱼"杀着）、炮5平3（如改走炮1退1，则红方马八退七，亦胜定），⑤车七退五，炮1退1，⑥车七平六、士5进4，⑦车六进三绝杀，红方胜。

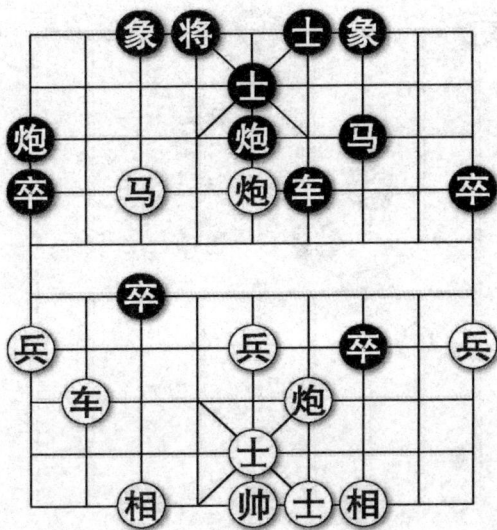

图 7-18

在复杂的对攻局势中，及时抓住战机以着着相生、步步紧扣的战术克敌致胜，极为重要。该例局含有许多象棋中的基本杀法，且具有一定技巧性，是一个颇有实用价值的战例。

四、牵制

运用自己的子力束缚住对方的子力，使之无法或不能随意活动，从而为己方谋子或抢先夺势创造条件，这就是牵制战术。牵制战术的手段或类型较多，其基本特点是以少困多，具有以弱制强的战术效果。例如以炮拴车，以炮拴车马，一车拴一车马（炮）等，在实战中都很常见，习以为用。

如图 7－19，红方可以针对黑方河口车、马活动暂时受限的弱点，采用弃兵拴子的手段，巧用一炮牵制黑方车马，形成"丝线涤牛"之势。红方着法为：①兵三进一（弃兵）、卒 7 进 1。②炮一退一（与弃兵相联系，炮拴车马）、车 1 进 4（企图保马）。③马三进五．红方必得子，占优。但应注意：若黑方接走马 6 进 5 吃马，红方应先走车八平五吃马，下一着再炮打车；如先走炮一平六贪吃黑车。黑方则马 5 退 4 吃炮；便形成黑方一车换马炮，而逃脱失子之苦了。

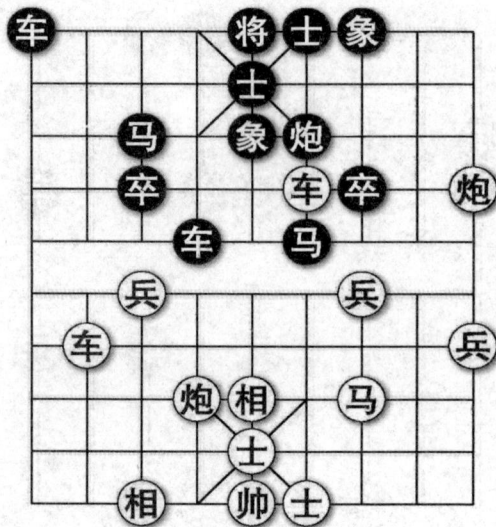

图 7－19

炮拴车马这一牵制战术，古称"丝线掏牛"或"丝线涤牛"，不仅中局中常用，在布局中也有此一着。明《橘中秘》中记有一例，现录于后供读者参考。着法红先：①炮二平五、炮 8 平 5。②马二进三、马 8 进 7，③车一进一、车 9 平 8，④车一平六、车 8 进 4，⑤马八进七、卒 3 进 1，⑨车六进七、马 2 进 3，⑦兵三进一、马 3 进 4⑦⑧炮八进三，弈成"丝线涤牛"的棋势。

图 7－20，红方炮镇中路，车占将门要道，黑方车巡河攻守兼备，马炮卒也正蓄势待攻。红方先行，用牵制战术以炮拴车，调虎离山，从

而争得先手借帅助攻，制胜对方。该战例着法是：①炮九平八（平炮攻底线叫杀是虚，拴车为实）、车 8 平 2（被迫离开要津拦炮被拎），②车四退一（逼黑车入死角，同时也防黑马踩中兵回防，以简化局面）、车 2 进 3，③士四进五、炮 9 退 2（企图炮 9 平 6，但慢了一步），④帅五平四，下一着车四进四绝杀，红胜。

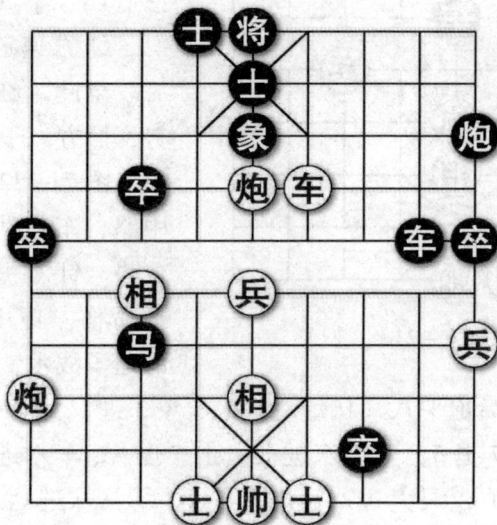

图 7 - 20

五、运子

运子就是根据棋势的需要，将棋子作最有效的调动，最大限度地发挥其攻杀或防卫的效力，为争先夺势或取胜、谋和创造条件。运子比较注重畅通棋路、括动子力，抢占要点，着法多含蓄有力。运子战术有一定的技巧性，一着之妙常可建奇功。

如图 7 - 21，从局面上看，似乎红方子力分散，且中炮和七路马被捉，主力车也没有发挥作用。现轮红方走棋，抓位黑方主将不安于位的弊病，及时运车迂回侧击、进退有度，从而得势致胜。红方运子取势的着法是：①士五退四（退士活车；在中局、残局中，相机调动士相，以助攻守，柔中有刚）！士 4 退 5，③车九平四、士 5 进 6，③车四平二（借马走车，迂回侧击）、士 6 退 5（如改走将 6 平 5，则车二进七、将

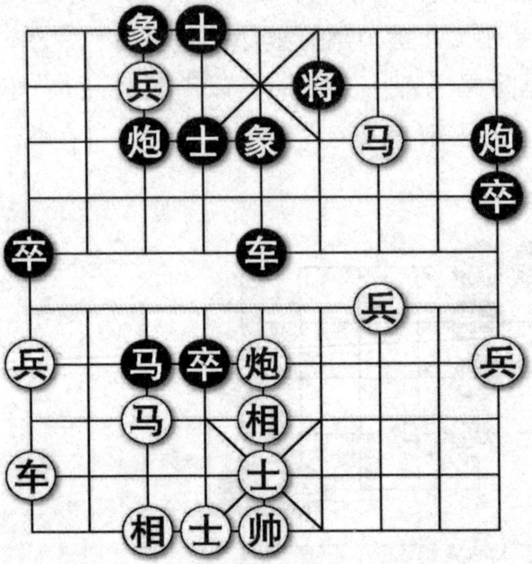

图7-21

5退1，兵七平六、士4进5，车二进一、士5退6，车二平四杀），④车二进七、将6进1，⑤炮五平四、炮3进1（如改走卒4平5，则马三退四、卒5平6，马四进二、红方速胜），⑥车二退二。至此，红方有强烈的攻势，黑方失子失势已成必然。

图7-22，红方持炮镇中路，车控肋道、帅露头的攻势，针对黑方右翼空虚的致命伤，巧用"借炮使马"的运子战术，及时入局取胜。

红方着法是；④后炮平八（伏炮八进七、象3进1，车六进六杀）！炮1平2（如改走马7退5，则炮八进七、士5退4，车六进六、将5进1，车六退一，红胜）②马九进八、炮2平1，③马八进七、炮1平2，④

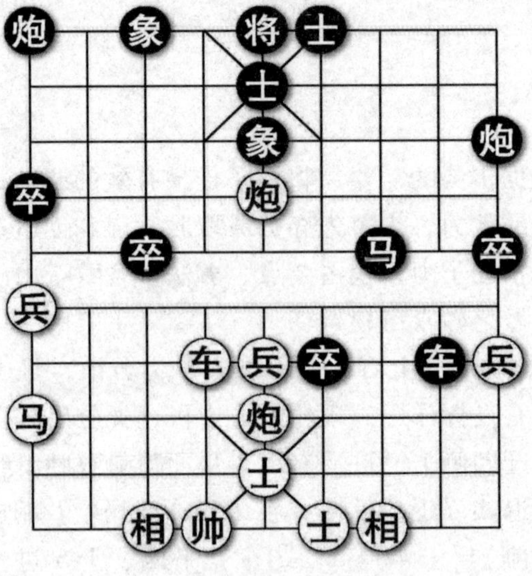

图7-22

马七进五（借炮走马，破象，取、胜要着）！马 7 退 5，⑤马五进七，马 5 退 4，⑥车六进五、士 5 进 4（如改走炮 9 退 1 打双，则红方车六进一双将胜），⑦车六退一、将 5 进 1，⑧炮八进六，"马后炮"杀。在中局、残局中。"借子走子"即借一子之力走另一个棋子，是运子战术的常用手段之一。

如图 7 – 23 形势，是 1978 年全国棋类比赛中的一个实战中局。红方抓住黑方贴身马的弊病，借先行之机，巧妙运子谋得一炮。实战过程是：①马七进六、车 5 退 1（如改走车 5 退 2·则车八退二，炮 4 退 1，马三进四踩双，必得子），②车八退二，炮 4 进 3，⑨车八退三，炮 4 退 2，④车八平六、车 5 平 4，⑤马三进五、车 4 进 1，⑥马六退四（如改走马五进四，则车 4 退 1，马四进二，马 4 进 2，演变下去，黑方虽落后手，但还可周旋）！车 4 退 4，⑦马四进六、马 4 进 2（如改走逃炮，则红方马六进四必得车胜），⑧车六进二，红方得子占优。

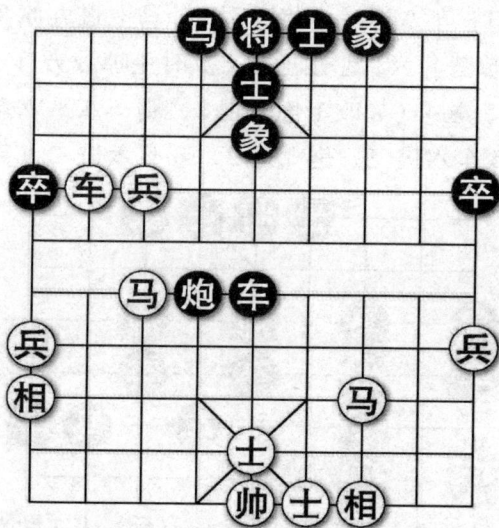

图 7 – 23

六、弃子

在对局中一方有计划地主动舍弃一子，然后运用一系列的战术组合手段，步步紧逼，迫使对方被动应着，从而达到或争先取势、或夺子占优、或攻杀取胜的目的，这就叫弃子战术。它是象棋对局中极为重要的一个基本战术，在实战中其形式、手段是多种多样的，并常常与其他战术组合在一起运用。弃子战术如运用得当，常能抓住战机迅速入局取胜；有时在劣势中采用它，还有可能反败为胜或谋求和局。

图7－24，是弃子攻杀的一个例局。棋入中局，双方子力各集中于一侧形成对攻局面，现轮到红方走棋。黑方右翼空虚，但有一马一象防卫，红方采用献炮、弃车等一系列手段，着着相生、步步紧扣，追杀黑将，这一战术组合一气呵成，入局取胜。红方弃子攻杀的着法是：①炮八进七（献炮将军，打开局面的要着）！士4进5（黑方另有两种应法：一是马3退2吃炮，则红车六进五！弃车杀士，将5平4，车八进九，红方速胜；二是象1退3，红方仍走车六进五、马3退4、炮七进四，将5进1、车八进八，红方也速胜）。②炮八平九（伏有车八进九，再走车八平六的杀势）、炮5平4（企图解杀，如改走士5进4，则车八进九将军、将5进1，车八退一、将5退1，马七进九吃象，黑方仍无法解开红方的强烈攻势），③炮七进二（及时兑掉敌方守子）、炮7平3，④车八进九、士5退4（如改走炮4退2，则车八平六杀炮，成"单将单"的绝杀），⑤车六进三、炮3退2，⑧车六进二（弃车杀士，构成

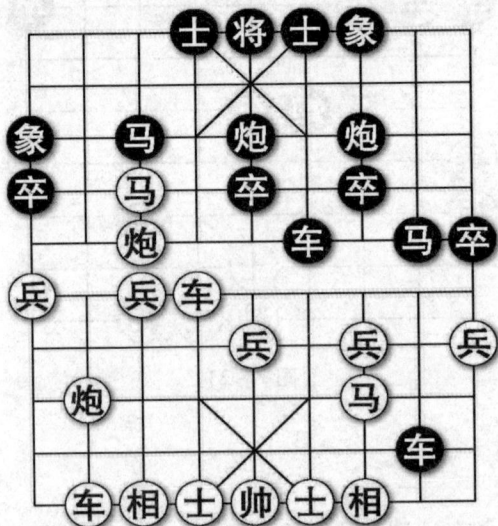

图7－24

绝杀）！将 5 平 4，⑦车八平七，红方胜。在中局战斗中，审形度势明确主攻方向，算准棋路变化，本着"得势弃车方有益，失先弃子必无成"之诀，及时大胆地弃子入局，该例局是一个值得学习的范例。

图 7－25 中，红方棋形欠佳，子力被黑方牵制住，且面临失子失势之危。如何摆脱这被动局面，是决定红方胜败优劣的关键所在。现轮红方走棋，盘面上的唯一妙着就是：①炮八平五（献炮于将、士之口，弃车而不顾，绝妙之着）！车 2 进 3（逼走）。②炮五退二！士 4 进 5，③炮五平一（达到"先弃后取"的目的）。须臾之间，一步献炮弃车的精妙之着．顿使面临败北的红棋呈现生机，反而弈成车捉死马，炮牵车、马、炮的大优局势。红方着法叫"先弃后取"，是实战中常用的弃子战术之一。一般在互相牵制、互相捉子或对攻的局面下，也常常采用这种先"送"对方一子，以争得一先之利来取势，复夺对方一子，得到补偿。

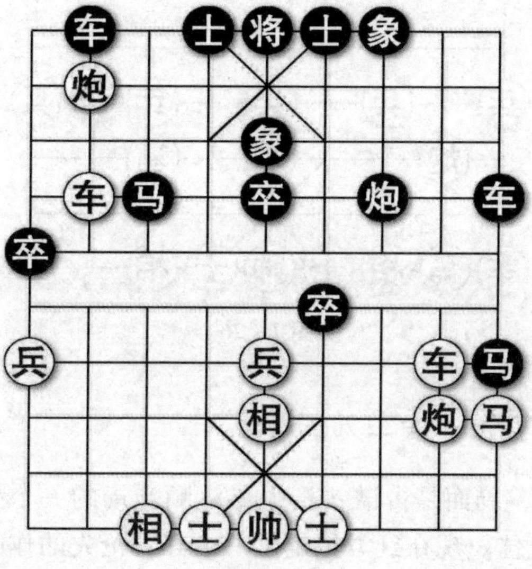

图 7－25

中局阶段，因棋局错综复杂变化多端，而实战中要克敌制胜，通常都是综合运用几种战术手段，使之成为精妙有效的战术组合。因此，我们必须熟练掌握各种基本战术，潜心默运，灵活选用，才能不断提高实战能力。

中局的攻守法则

　　对局双方都是以争先为第一原则，棋子在棋盘上的一切行动都是为争先服务的，希望初学者在学习下面棋例中巧妙的战术组合的同时，一定要很好地揣摩，从中悟出一些中局攻守的基本规律来。

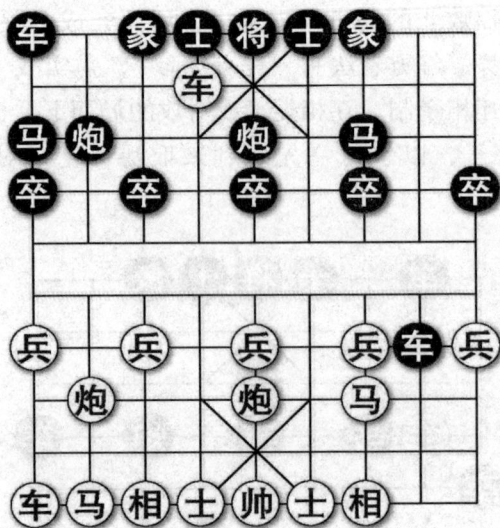

图 7 – 26

一、弃马争先　舍车入局

　　如图 7 – 26，局面是古谱《桔中秘》顺炮局的一个变化图形，红车占肋道，位置极佳。现在红方拟定了一个弃马抢先的作战计划，具体变化如下：

　　着法红先

　　①车九进一！炮 2 进 7？

　　红方起车弃马，引诱对方。黑方没有细察红方弃马意图，贪吃弃马，上当！

②炮八进五！马7退8

红方弃马的真实意图就是引诱黑炮离开战略要点，为红炮攻马创造条件。黑方没有觉察局面的危险性，盲目恋子，使局面很快恶化。

③炮五进四　士6进5

④车九平六　将5平6

⑤前车进一　士5退4

红方弃车妙手，摧毁黑方最后一道防线。黑方如走将6进1，则前车退一，炮5平6，炮八平五，红方亦胜。

⑥车六平四　炮5平6

⑦车四进六　将6平5

⑧炮八平五，红胜

此局红方弃马得到进攻机会，然后弃车入局，各子的战术配合十分默契。

二、宁舍一子　勿失一先

如图7－27，局面黑车捉吃红马。红马如逃，黑车吃掉中兵将稳持先手。红方经过形势分析，宁愿丢马，不愿失先，实战着法如下：

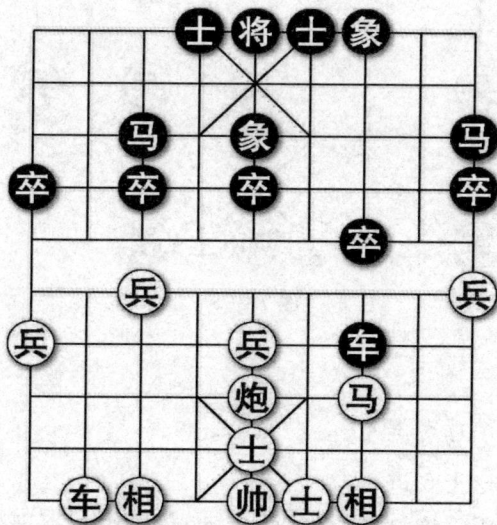

图7－27

着法红先

①车八进六　车 7 进 1

②车八平七　马 3 退 2

③炮五进四　士 6 进 5

④炮五平九

形成黑方得子、红方多兵得先各有顾忌的局面。

三、先弃后取　抢先夺势

如图 7－28，局面是由中炮对屏风马横车演变出的一个中局形势。现在黑方炮打死车，红方置车于不顾，毅然跃马攻击对方薄弱的中路。实战着法如下：

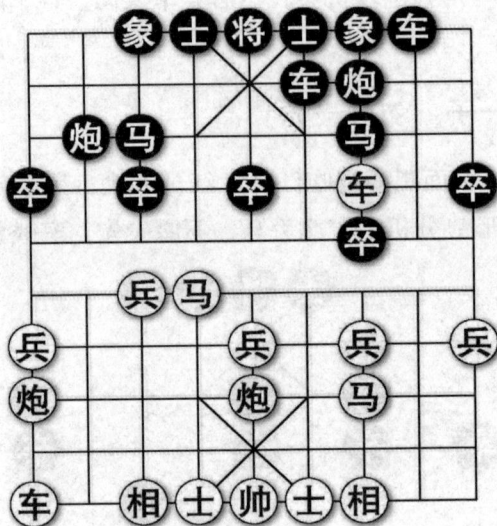

图 7－28

着法红先

①马六进五！　马 7 进 5

②兵五进一　　士 6 进 5

红方不急于用中炮打马夺回失子，而急进中兵逼退黑马，深明子与先的辩证关系。

③兵五进一　马 5 退 7

④车三平七　车 6 进 1

⑤车九平八　炮 2 平 1

⑥车八进七　象 7 进 5，被迫弃还一子

⑦车八平七　红方优势

红方弃掉一马夺得主动，然后在主动的局面下强渡中兵，开动子力，夺回失子，控制了局面。

四、调运有序　攻守有方

如图 7-29，局面黑方车占要道，马路畅通，显然占优。但红方巧妙地使用运子技巧，进退有序，攻守有方，一举夺得先手。

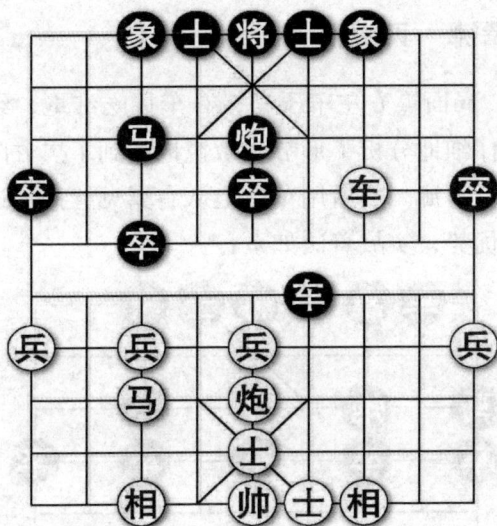

图 7-29

着法红先

①车三退一　象 3 进 1

红车不直接吃底象而先骑河吃卒，逼迫黑方飞起边象是极好的行棋次序。

②车三进四　卒 3 进 1

③车三退二　马3进4

红方退车吃炮是当初逼迫黑方飞起边象时的后续手段。

④兵七进一　车6平3　⑤炮五平二　炮5平3

红方平炮暗保马是红方吃象捉炮时的预定计划。

⑥相七进五　车3进1　⑦马七退八　车3平5

黑方贪吃中兵导致失子，应走炮3进2，尚可支持。

⑨炮二进七　将5进1　⑨车三平六　车5退2

红方用炮打将后再平车吃马，次序井然，至此黑方必丢一子。

黑方如走车5平4，则炮二平六，红方亦得子。

⑩炮二平六，红方得子胜定

此局红方车、炮进退、攻守次序极佳，很值得初学者认真揣摩。

五、互捉腾挪　见缝插针

如图7－30，局面黑方左车压马，右车捉吃红炮，红方如逃炮黑方明显先手。红方仔细地分析了形势，敏锐地找到了黑方阵容的弱点，毅然进车互捉，进行腾挪。然后用车、炮从右翼见缝插针进行夹击，一举夺得先手，取得优势，实战着法如下：

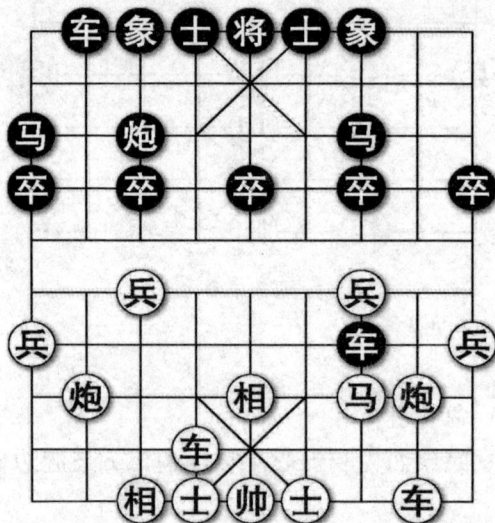

图7－30

着法红先

①车六进六　象7进5

红方因炮无好路可躲，而进车互捉。黑方飞象正着，如走黑车2进7吃炮，则红车六平七吃炮，车7进1，车七平三后，再走炮二进七，红方胜势。

②炮八平六　车2进2

红方伸车捉炮腾挪使红炮占得好位。

③炮二进五　卒1进1

红方进炮，见缝插针，是运子争先的佳着。

④炮二平一　士6进5　⑤车六进一　车2进4

黑方联车是逼迫之着，否则红炮沉底，攻势难挡。

⑥炮二平五　将5平6　⑦炮五平九　象3进1　⑧车二进八　车2平4

红方进二路车是速胜佳着。黑方兑车，力求减轻压力。

⑨车六退五　车7平4　⑩车二平三　车4进1

红方兑子争先，扫除障碍，为马的进攻创造条件。

⑪车三进一　将6进1　⑫车三退二　炮3平4

黑方平炮士角是速败之着，应走车六退五尚可维持。

⑬马三进四，红方胜定

此局红方捉炮腾挪，抓住对方阵容点滴弱点，见缝插针，扩大先手，一举取胜。

六、侧翼攻击　中路奏效

如图7-31，局面红方虽双车灵活，但黑方阵容严整，双方形势大体相当。目前双方两对兵卒河口见面，如何处理这二个对头兵将是打破僵局的焦点。红方利用先行之机采用侧翼袭击，进行牵制，然后从中路一举突破对方防线，取得先手，具体着法如下：

着法红先

①兵三进一　象5进7　②炮八进四　象7退5

红方先过三兵逼黑飞起高象，然后进炮侧翼攻马，次序井然。

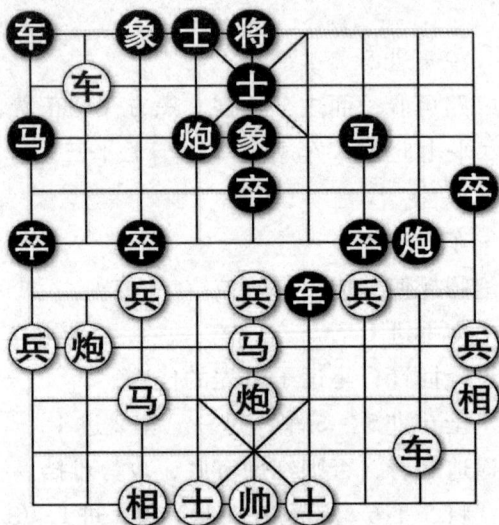

图 7-31

黑方如走象 3 进 5，红方炮五平三打马得子；黑方如走炮 4 进 4，则车二平三，黑方防线崩溃。

③兵七进一　炮 8 平 6

红兵在炮的掩护下从容渡河，打破僵局，取得先手。

④炮八退三　车 6 进 1　⑤炮八退一　车 6 退 1　⑥兵七平六　马 1 进 3　⑦车八平二　炮 6 退 1　⑧兵六进一　马 3 进 4

红方冲兵好棋，逼迫对方兑子，使左马脱根，便于攻击。

⑨马七进六　炮 4 进 3　⑩士四进五　卒 1 进 1　⑪马五进三　炮 6 平 7　⑫车二进六　马 7 退 6　⑬车二退一　炮 7 进 1

红方先捉马，后捉炮，占住卒林要道。

⑭兵六平五，红方胜势。

此局红方从侧翼攻击进行掩护，然后兵从中路突破，打乱对方防线，取得优势。这充分说明对局者必须随时保持清醒头脑，要善于发现对方阵容的弱点，要有效地组织子力从不同方向进行攻击，互相配合，联合作战，才能取得战场的主动权。

七、牵制封锁　互争短长

如图 7-32，局面双方布局大体结束，红方采用牵制战术发动进攻，黑方使用封锁战术进行反击，一时演变成牵制战术与封锁战术互相争雄的有趣局面。

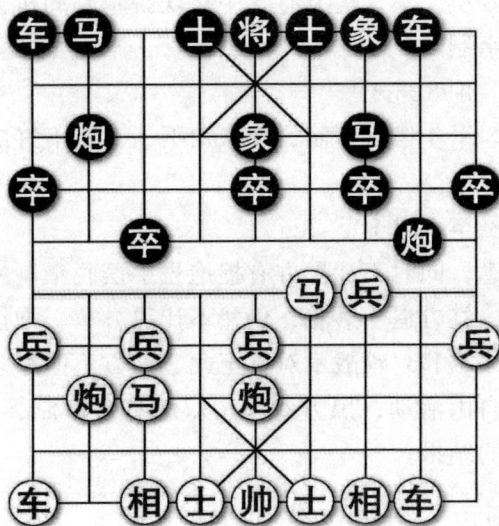

图 7-32

着法红先

① 炮八进七　车 1 平 2

红方炮一般不能这样与马进行交换，但此局红炮换马，抢出左车，拴住对方无根车、炮，巧妙地施展了牵制战术。

② 车九平八　炮 2 进 4

黑炮过河进行封锁，不让红车有较大的活动余地。

③ 仕四进五　炮 8 进 3

黑方进炮再封右车，进一步缩小红车的活动空间，同时攻击红方左马。

④ 马七退九　炮 2 进 2

黑炮进一步缩小封锁圈，不但使红方左车难以发挥作用，而且挤住红马，使它没有活动余地。

④马四进五　马7进5　⑥炮五进四　士6进5

此时演变出一个有趣局面。红方双车各自拴链一个无根车，炮；黑方双炮各自封锁一条红车，双方的牵制战术与封锁战术进行着较量。

⑦相三进五　车8进6　⑧炮五平六　车8退2

红方先躲炮好棋，不让黑方有吃中兵摆脱牵制的机会。黑方退，车仍准备捉炮摆脱牵制。

⑨兵一进一　炮8进1

黑方如果车8平4摆脱牵制，则炮六平一，黑不好应付。所以先进炮，使双炮建立联系。

⑩炮六平一　卒1进1

红方先得实惠，同时不让黑方有捉炮先手摆脱牵制的机会。

⑪士五退四，红方退士妙着，仍然不让黑方车、炮摆脱牵制。

双方的牵制战术和封锁战术对抗至此，红方不但净多两个兵，而且有一个红炮可以自由活动；黑方双车、双炮都被牵制，没有活子可动，发展下去难有好的结果。

八、以攻制攻　勇献双车

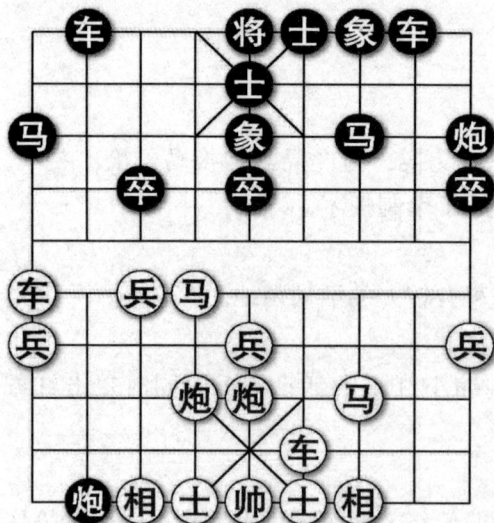

图 7 - 33

如图 7 - 33，局面黑方置边马于不顾，运炮底线，准备先弃后取，抢先夺势。红方看准形势，毅然吃马，妙献双车，以攻制攻。打乱了黑方的弃子计划，取得优势。

着法红先

①车九进三　马7进6

红方吃马接受弃子。

黑方打车吃马，执行先弃后取计划。

② 车四平八　车2平3

车四平八是绝妙之着，有如石破天惊。红方车、马不逃，反而又献一车，以攻制攻，粉碎了黑方作战计划，使棋局按照红方意图发展。

黑方眼看着双车，哪个也不敢吃，可见红方勇献双车是多么精妙绝伦。如果黑方不管后果走车2进8吃车，则车九进二，士5退4，车九平六，将5进1，马六进四，红方攻势难以抵挡。

③ 马六进四　炮9平1　　④车八退一

演变至此红方一车换得三子，得子得势。

此局红方计算精确，以攻制攻，在短短的几个回合中就使黑方反攻计划化为泡影，一举得子得势，奠定了胜局。

九、巧设陷阱　谋车占优

如图7-34，是过官炮对屏风马演变出来的一个中局图形。双方形势大体相当，红方巧妙地拟定了弃马陷车，谋车取势的战术手段，一举打破僵局，取得优势。

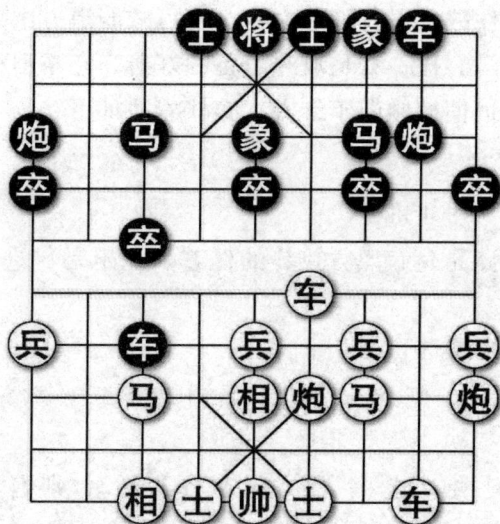

图7-34

着法红先

① 车二进四　士 4 进 5？

红方进车，布下陷阱。黑方失算，没有觉察红方进车的意图，

②炮四进一！车 3 进 1

红炮轰车好棋，开始实施谋车取势的作战计划。

③马三退五　车 3 进 1

④ 炮一退一　车 3 平 5　至此黑车必失。

⑤仕四进五　红方优势

此局红方在双方形势均等，平稳相持之中妙设陷阱，困死黑方明车，在兵种和子力位置上都占有明显优势。

十、平炮解围　反败为胜

如图 7 - 35，局面黑方炮镇中路，车守将门，马随时可奔卧槽叫杀。可以说，黑方大兵压境，红方如应付不当，将立即败阵。红方对敌我双方子力的内在联系进行了深入分析，发现黑方中炮虽然厉害，但中路空虚，只要抓住战机强行平炮中路，就可减弱黑方中炮的威力，同时又可攻击黑方中马。这一着是攻守兼备的好着，它不但稳定了战局，而且使胜负的天平悄悄地倾向于红方，实战着法如下：

着法红先

①炮八平五　士 4 进 5

红方平炮中路是化解黑方攻势的佳着。如走马 3 进 5，红方车三平五得子占优。

②炮五进二　象 3 进 5

如走将 5 平四，则炮五平九，后再走车三平六兑车，红方多子胜定。

③马三进五　炮 2 进 4？黑方应走马 3 进 2，则炮一退一，车 4 平 3，炮五平一，炮 5 平 3 打马，夺回失子，尚可支持。

④炮五平一　马 3 进 2

红方炮击边卒，好棋！既可联炮防卧槽，又可肋道兑车，稳持先手。

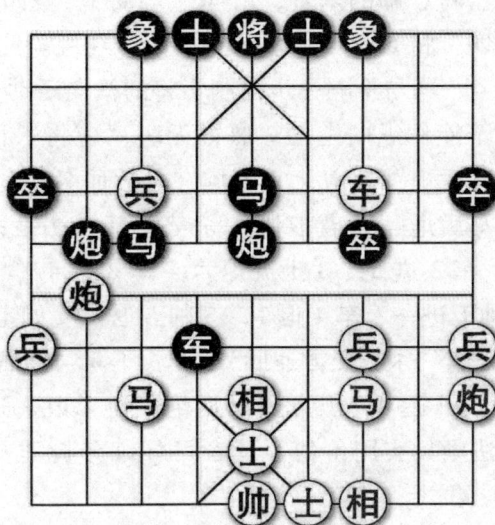

图 7 - 35

⑤后炮退一，红方胜势

此局红方在极其危险的时刻，冷静地分析了形势，找出了全局的要点，不但解除了重围，而且得子得先，反败为胜。

残局中的基本杀法

运用自己的攻子直接攻杀对方将、帅，致使对方无法解救而取胜，这种着法叫"杀着"。杀着是残局中擒王的一种最有效、也是最直接的手段，其重要性是不言而喻的。而且在对局中，特别是在中局、残局阶段，不少棋手还有意识地运用一些杀着去设计某种有利于己方的棋势，直接或间接地威胁对方将、帅，从而达到争先夺势或谋子占优的目的。下面我们来介绍一些基本杀法。

马后炮

一方的炮、马与对方的将、帅在同一直线或横线上，用炮在马后将军，直接"将死"将、帅的杀着，就叫"马后炮"。如图7-36，红方先走：①马二退四、将5平6，②炮五平四，红胜。此时弈成将、马、炮同在一条直线上，马与将隔一步控制了将的横向活动，炮以马为"炮架"将军，使将不能作纵向走动。黑方无法"应将"而被将死。这就是最为常见的"马后炮"杀着，它因炮在马后而名。图中如黑方先走，则形成一个以"马后炮"杀着取胜的杀势。其杀法是：①……马2进3，②车六退二、车2进5，③士五退六、车2平4（巧借黑车为"炮架"杀士），④帅五进一、车4退1，⑤帅五退一（如走帅五平六吃车，则马3退4"马后炮"杀，黑方速胜）、车4平6，⑥帅五平六、车6进1，⑦帅六进一、马3退4，黑方"马后炮"绝杀胜。这个杀势在实战常见，黑方的杀法颇具实用价值，读者可仔细分析"马后炮"在其中的作用。

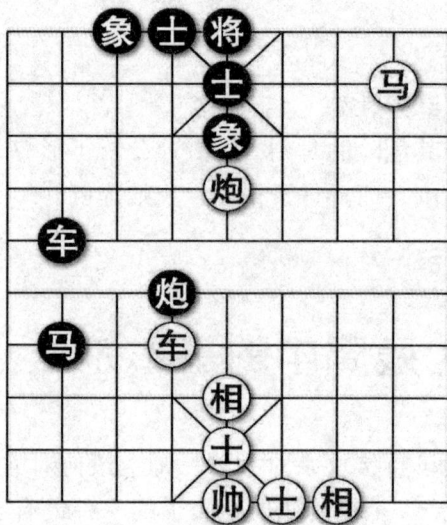

图7-36

进洞出洞

进洞出洞是车炮兵（卒）或双车炮联用攻杀的一种杀着名称。如图7-37，红方先走可以妙杀取胜：①兵四平五！士6进5（如改走将5进1，则车四进五、将5退1，车四进一、将5进1，车四退一、将5退1，炮二进三杀），②炮二进三、士5退6，③车四进六、将5进1，④

车四退一，红方胜。红方兵吃中士后的杀法。就叫进洞出洞。原图中的兵如改为车，其杀法也一样。

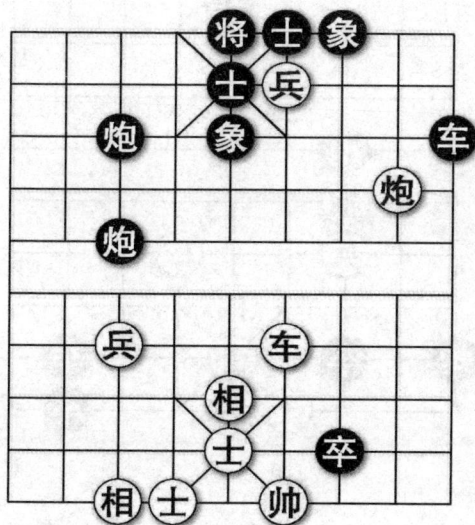

图 7 - 37

铁门闩与闷宫杀

对局中，炮镇中路，车占将门要道，再重车（或借将、帅之力）叫杀，名"铁门闩"，是一个很实用的凶狠杀着。如图 7 - 38，红方先走：①车六平四（重车将门叫杀）、车 8 退 8，②帅五平四！至此，构成双车露帅对一车的绝杀，红方胜定。因下一着红方接走前车进三，车 8 平 6，车四进六胜。此时，因有将、帅不能直接对面的棋规，露帅之力如同一车之力，所以红方这种杀法叫"连将三出车"或"露将三把手"，在四川地区俗称"三杀"。此外，实战中若炮镇中路，兵（卒）入九宫，再借帅（将）之力叫杀，也叫"铁门闩"，因此时的兵（卒），作用与车无异。

闷宫杀，在四川一带俗称"打背篼"，是用"炮"攻杀对方将、帅的一种杀着。如图 7 - 38 中黑方先走：①卒 3 平 4（塞象心，下一着炮 1 进 1 "闷宫杀"），②相七退九（如改走士五退四，则炮 1 进 1、士六进五，车 2 进 9、士五退六，车 2 平 4 杀，黑胜）、炮 1 进 1，③相九退

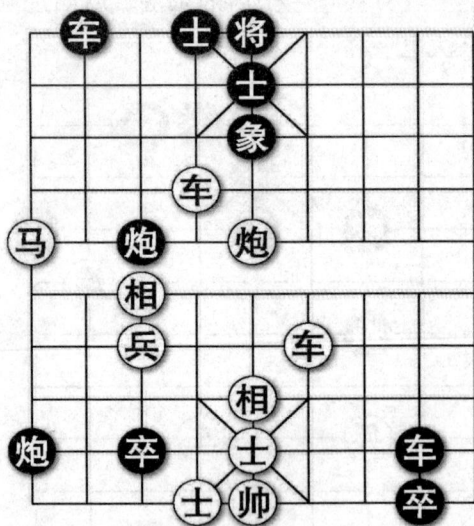

图 7 – 38

七，炮 3 进 5 打象，闷宫杀。在图 7 – 37 中，如黑方先走：前炮进 5 （打相）、相五退七，炮 3 进 7 （打相），也是闷宫杀胜。这种双炮连发 "打背篼" 的 "闷宫杀"，雅名 "双杯献酒"，因棋谚有 "一杯不醉两 杯醉" 之说。

卧槽马与挂角马

马在对方底象（相）前一步的位置上将军，叫卧槽马。因马 "卧 槽" 常能 "照将抽车"。是很常用的一种凶着，不可不防。如图 7 – 39 中，红方先走：①马二进三（卧槽马）、将 5 平 4，②车五平六、士 5 进 4，③车六进一，红胜。可见先用马 "卧槽" 将军，接以车走将门杀 （也可用炮等将军），是该杀着的主要手段。因此 "卧槽" 和 "将门" 就为双方攻、防的两个紧要之处。攻杀者两点必争，守方能防其一即 可。红方先走还有一种杀法，即①马二进四（马挂士角将军）、将 5 平 4，②车五平六、士 5 进 4，③车六进一，红胜。这种先以马 "挂角"， 再用车 "将死" 对方的杀法，就叫 "挂角马" 杀着。"卧槽" 与 "挂 角" 是马的主要进攻目标，也是车马联用的基本杀着。

图 7 – 39 中如黑方先走，也有两种杀法：一是①车 9 进 3，②相五

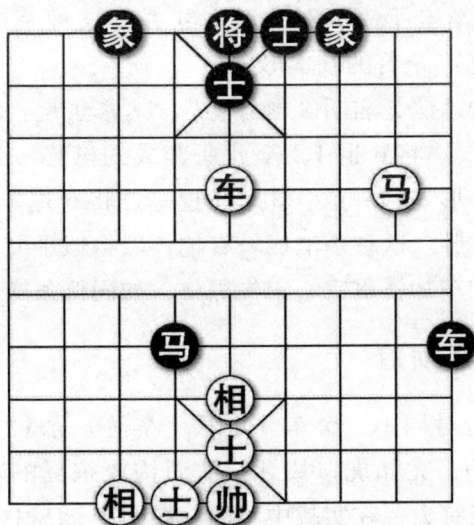

图 7－39

退三（如改走士五退四，则马4进6"挂角"将军、帅五进一，车9退1速胜）、车9平7，③士五退四、马4进3，④帅五进一、车7退1，黑方胜。

侧面虎与柳穿鱼

这两种杀着都是车马联用的凶狠着法。侧面虎的基本杀形是：敌将（帅）偏离中宫。车马在其侧翼攻杀，而马通常在象（相）线的卒（兵）位上将军，其势如虎。如图7－40，黑方先走：①车1进3，②帅六进一、马2进3，③帅六进一、车1退2杀，黑胜。如红方先走：①马二进三、将6进1，②车三退二、将6退1，③车三平二、将6退1，④车二进

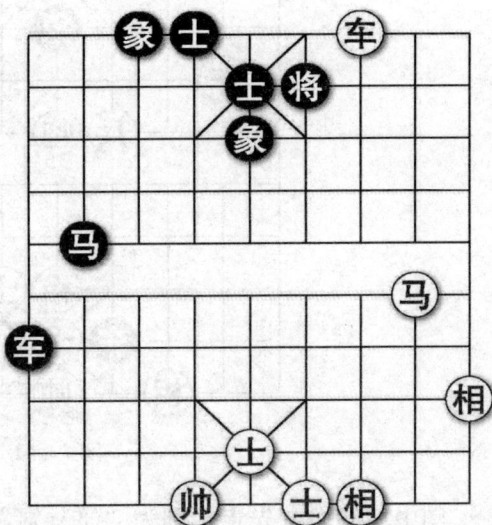

图 7－40

二、象 5 退 7，⑤车二平三，红方胜。红方的这种杀法与黑方着法相似，都是"侧面虎"杀着的基本形式。

红方另有一种杀法，名叫"柳穿鱼"，其着法是：①马二进三、将 6 进 1，②马三进二、将 6 退 1，至此所弈成的棋势，为"柳穿鱼"的基本形，将与马之形如同一鱼。③车三退一、将 6 退 1（或将 6 进 1），④车三平五！红方胜。这种杀法比较有趣，黑将似乎要滑脱归位，如鱼复入大川，不料红车却横贯宫心定住黑将，如同柳条穿鱼。

大胆穿心与平顶冠

大胆穿心是指对局中，舍车（或兵、卒等）杀对方的中士，突破其士象（相）联防，尤如虎口拔牙，从而构成杀局的着法。弃子破士入局的杀法，凶狠有力，在实战中习用。在图 7-41 中，如红方先以车八进三或车八平六叫杀，都是"软"着，而采用大胆穿心的着法，则可以一步连将成杀。其着法为：①车六平五（弃车杀士，摧毁黑方双士联防）！士 4 进 5（如将 5 平 6，则车八平四杀），②车八进三，红胜。

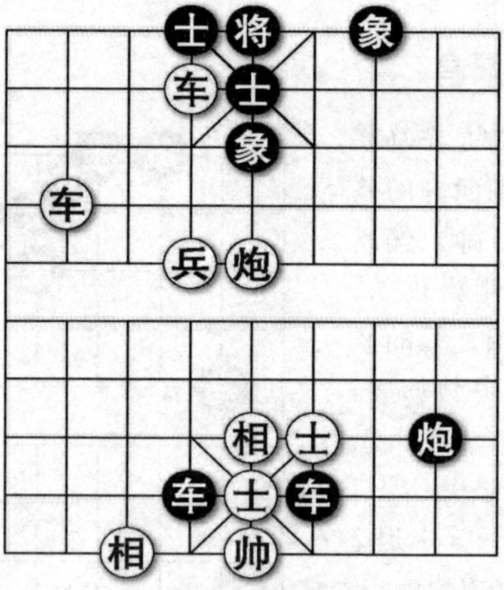

图 7-41

图中如轮黑方先走，则为"平顶冠"杀着：①炮 8 平 5，②士五进六、车 4 平 5，③帅五平六、车 6 进 1，黑胜。其杀法的基本特征是，炮镇中路，以双车（或车、兵，或双兵）并排在对方将帅头上将军做杀，其形状如给老王头上加冠。在前一章"中局基本战术"中的"兑子"一文里所提到的"平顶冠"，其杀法与本例局相比，虽形有别而意相同，有异曲同工之妙。

勒马车与白马现蹄

勒马车又称钓鱼马，也是车、马联用的一种常见杀着。其基本杀形是：马与对方的老王（在原始位置）成"田"字形，即马在象（相）线上与敌将（帅）状如"双象联环"（如图 7－42 中的红方七路马，就叫钓鱼马）；车则在底线叫杀。如图 7－42，红方先走：①车九进一（如改走车九平五？贪吃黑士，则将 5 平 6，红方无后续手段）、士 5 退4，②车九平六杀士胜。其要点在于以马控制将（帅）并助车攻杀。此外，原图中如去掉黑方中士，再把红车放在黑 4 路卒位置上，红方仍先走，就不要车六平八吃马，而直接走车六进八杀将，这也是勒马车的一个基本杀形。两者的共同点是：车在底线杀。

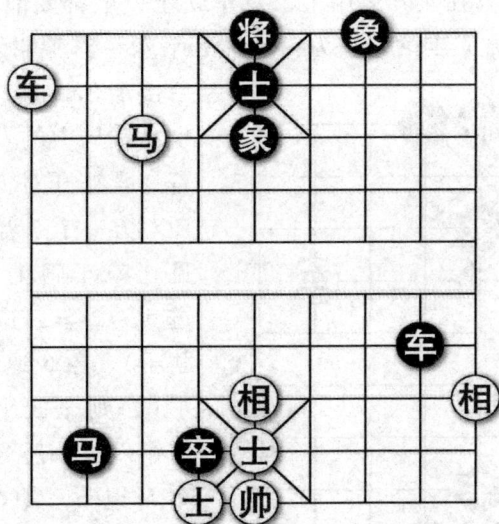

图 7－42

白马现蹄也称白马亮蹄，是双车马或车兵（卒）马联攻的一种杀着。这一杀法的基本特征是：弃一车（或兵、卒），接走成"挂角马"

杀着胜。因弃这一车（或兵、卒）使马能接走"挂角"将军，其作用在助马攻杀，故得"白马亮蹄"的美称。如图7-42，黑方先走：①……卒4进1！（为下一着马挂角将军"亮"出马腿，卒也可换成车，其着法意义相同）②士五退六，马2退4，③帅五平四（如帅五进一，则车8进2杀）、车8平6，黑方胜。这个杀着中应注意的是，弃卒（或车）以后，另一只车必须能与挂角之马相配合"将死"对方，即车能有效地控制敌帅（将）的进出路，否则就构不成杀局。例如原图中拿去红方的中路相，黑方走卒4进1弃卒后就不能成杀，读者不妨一试：①……卒4进1？②士五退六、马2退4，③帅五进一（如改走帅五平四？则车8平6杀）、车8进2（如车8平5，则帅五平六捉马），④帅五进一、车8退1，⑤帅五退一、马4退6，⑥帅五平四（如帅五平六？则车8平4杀），演弈下去，黑方无法连将取胜。

双车胁士与三车闹士

棋谚"缺士怕双车"。以双车侵入对方九宫，胁士构成杀局的着法，叫双车胁士。在实际运用中，双车胁士一般都要借帅（将）助攻。如图7-43，红方先走的杀法为：①帅五平六（露帅叫杀，伏车六进一后接走车二进二杀着；这一着也是残局中的"解杀还杀"之着，既解开对方的杀着，同时还对方一个杀着。黑方的杀着，见"三车闹士"着法）、士6进5，②车二进二（形成双车胁士）、象5退7（如改走将5平6，则车二平五杀士，下一着车六进一胜），③车二平五！车5退6，④车六进一闷杀，红方胜。

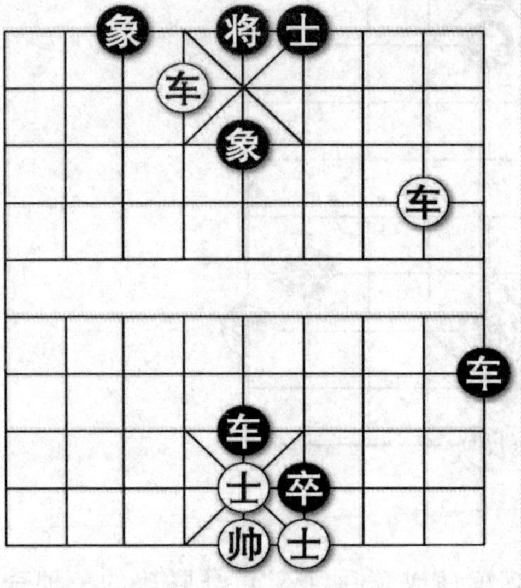

如图7-43为黑方先走，则弈成"三车闹士"的杀势。

图 7-43

棋谚"过河小卒当车用"，黑方双车一卒在红方九宫攻士杀帅，其攻击力如同三车，故称"三车闹士"。其着法为：①……卒6平5！②帅五平六（如改走士四进五，则车9进3杀）、卒5进1，③帅六进一、车9进2，④士四进五、车9平5，黑方胜。

炮辗丹砂与蜘蛛抱蛋

炮辗丹砂是指车炮联用、底线攻杀，炮借车威而左右辗转扫荡对方士象（相）等的着法，四川一带地区喻之为"打剥皮"。它既是一种习用的战术手段，也常能在其他子力配合下构成杀局。如图7-44，红方先走：①炮八平三、士5退4，②炮三平六；如此，炮借车力左右翻打，好似铁滚辗药，"剥"去守卫黑将的士象，下一着退炮便成绝杀。但需指出的是，车炮必须有其他子力助攻（如图中的红兵），才会构成杀着，否则就如同棋谚所说"单车炮不成棋"。

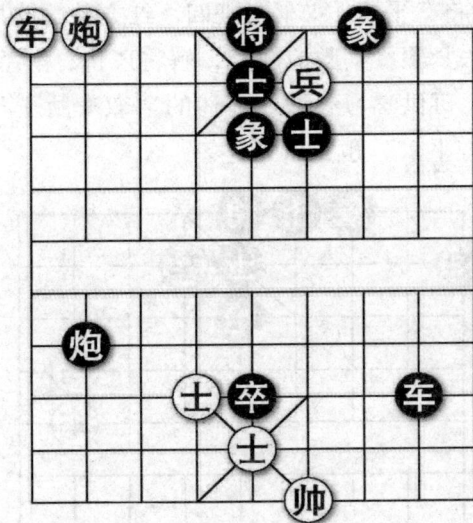

图7-44

图7-44如轮黑方先走，可用"蜘蛛抱蛋"的杀着取胜。①……车8进2，②帅四进一、炮2进2，③士五进四、车8退1，④帅四退一、卒5进1（如同蜘蛛进入蛛网状的九宫心，该杀着由此命名）！⑤士四退五、车8进1胜。对局中如不懂"蜘蛛抱蛋"杀法，在第四个回合时

走④……卒5平6？吃士，则⑤帅四平五、卒6进1，⑥帅五平六，红帅就大难不死了。而这一着之差，若在实战对局中就有可能因之而败北。

解将还将与解杀还杀

在对局中（多在中、残局阶段），当对方将军时，走一步既应将又同时给对方以将军的棋，这种着法叫解将还将。而解杀还杀则为既解对方杀着，又同给对方以杀着。在中、残局阶段，解将（杀）还将（杀）是一种会用到的杀法（多有特定的局面），有一箭双雕的作用。如图7－45，是南宋陈元靓《事林广记》中的一个残局，也是至今所能见到的我国最早的古棋局之一。原局名叫《二龙出海势》，着法红先胜：①马二进三（马进卧槽，亮车叫杀）、车7进1（伏照将抽马，解杀），②车四退八（解将还将）！车7退8（抽马，解杀还将），③车四进九（弃车，解将还杀）！将5平6，④车二进四，红方胜。此局虽只几个回合，但着法精妙、杀法紧骤，其救应解危，解将还将、解杀还杀的着法，有一定的实用价值，可供学习参考。前述的"双车胁士与三车闹士"中，红方先走的"帅五平六"也是解杀还杀。

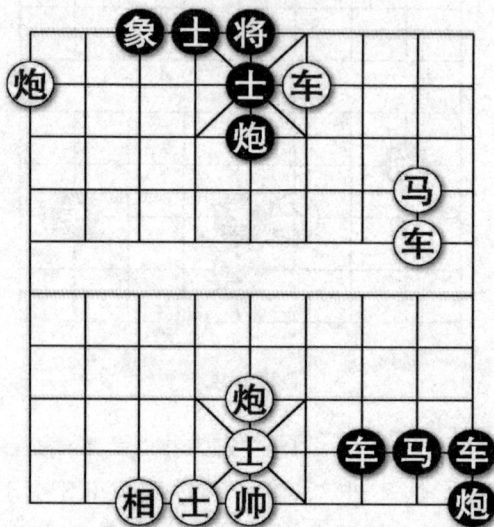

图 7－45

象棋中的四大关系

象棋的四大关系指的是子与先、攻与守、动与静，全局与局部。这四种关系就是四对矛盾，它们都是对立的统一。现把象棋的四大关系分别简介如下。

一、子与先

弈战双方在棋盘上的棋子是争取胜利的物质基础。那么，是不是有了棋子就一定能取得胜利呢？不一定，有了棋子还必须充分发挥这些棋子的作用，要想发挥棋子的效力就必须争夺战场的主动权。子与先是密不可分的，二者的关系也是对立的统一，子决定先，没有子就谈不上先，先是由棋子来体现的；同时先对子又有积极的反作用，没有先棋子就很难充分发挥作用。可以说没有子就不能战斗，没有先就不能胜利。

在弈战过程中，"子与在先"一定条件下是可以转化的，有时我们弃掉一个棋子去争夺先手，虽然局部损失了一些物质利益，但获得了战场主动权，换得了其他子力可以更充分发挥作用的机会。在主动的形势下，棋子可以有效地攻击对方阵地，消灭对方有生力量，使失去的子力得到补偿。由此可见，有时弃子可以得先，得先又可以得子，所以子与先是可以互相转化的。

初学者对子与先的关系应很好领会，切忌得子而失先。棋坛有句俗话："宁失一子，勿失一先"，可见先手在弈战过程中何等重要。我们提倡弃子争先，而决不可得子失先，因为在失先的情况下，得到的东西很难保全，甚至还要失去更多的东西。

例1 弃子取势（图7-46）

如图局面是由中炮高左炮对屏风马左马盘河演变出来的，此时黑方对形势进行了深入分析，决定弃马渡卒，以"子"换"先"，然后通过一系列着法扩大先手，控制局面。

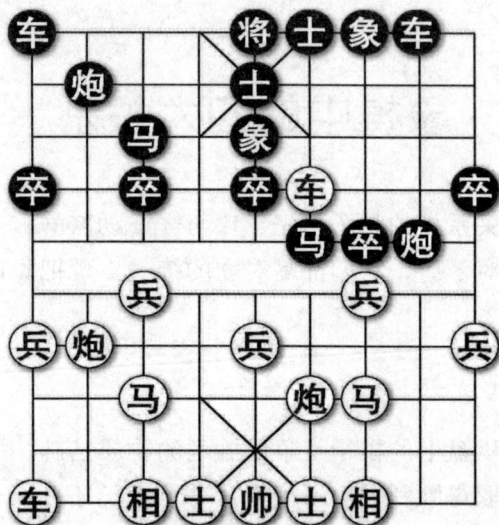

图 7 - 46

着法黑先

①……　卒7进1　②车四退一　炮8平7，黑方弃子争先　③马七退五　车1平4　④炮八平六　炮2进6　⑤炮四平六　车4平2，黑方优势。

黑方在主动的形势下，随时可以吃掉红方右马，使"先"又转化为"子"，使弃掉的子力得到补偿。这个战例生动地说明了"子"如何转化为"先"，然后"先"又如何转化为"子"的过程。

例2　弃子争先（图7-47）

如图形势是中炮对屏风马演变出来的一个局面，黑方支士弃马，抢先开动子力，经过一系列走法，双车双炮比较灵活。红方虽然吃掉黑马，但左翼兵马未动，子力配置失调，显然黑方占有一定攻势。

着法黑先

①……　士4进5　②车三进一　炮2进4　③兵五进一　车1平4　④车三退一　炮8进3　⑤车三平四　车4进6　红方多子，黑有攻势。

黑马的物质形态虽然在棋盘上消失了，但转化成"先"的形式在

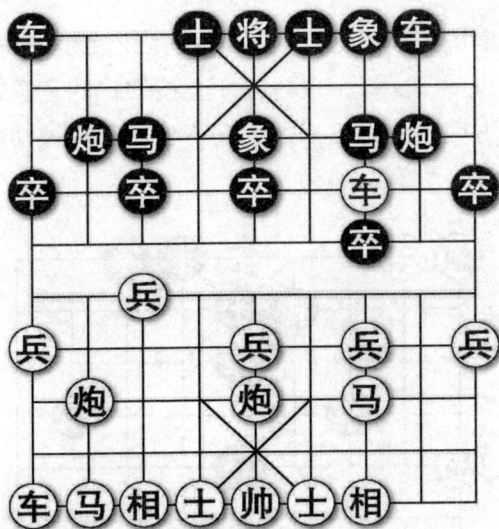

图 7 – 47

棋盘上继续发挥作用。

二、攻与守

象棋是对局双方的斗智活动，进攻取胜决不会一帆风顺，它必然要遭到对方有力的抵抗和猛烈的反击。弈战中不但要摧毁对方的防线去争取胜利，还要进行必要的防守，顶住对方的反扑，确保将（帅）的安全。双方对局的过程就是攻与守不断交替的过程，只有进攻，才能夺取胜利；只有防守，才能确保将（帅）的绝对安全。攻与守的关系是对立的统一，在一定条件下，二者可以互相转化。

在进攻过程中，攻击对方将（帅），争取胜利是主要任务。这时的防守是为了防备对方意外的反击，确保将（帅）的安全，免除后顾之忧，防守是为进攻服务的。这叫攻不忘守，寓守于攻。

如果棋局形势不好，需要全面防守谋取和棋时，防守是主要任务。防守中不但要保护好将（帅）的安全，而且要积蓄力量，等待新的进攻机会。在防守过程中为了增加将（帅）的保险系数也应进行一些必要的进攻，进攻可以使对方有所顾虑，从而寻找反攻的机会或创造更为有利的谋和条件。这时的进攻是为防守服务的，是守不忘攻，以攻为守。

初学者一定要搞清攻与守的关系，在弈战过程中一定要攻中有守，守中有攻，攻守兼备。这样，攻与守才会按照你的意图来转化。如果片面强调其中一个方面，必将攻不进，守不住，陷入被动局面。

例1 攻中有守（图7－48）

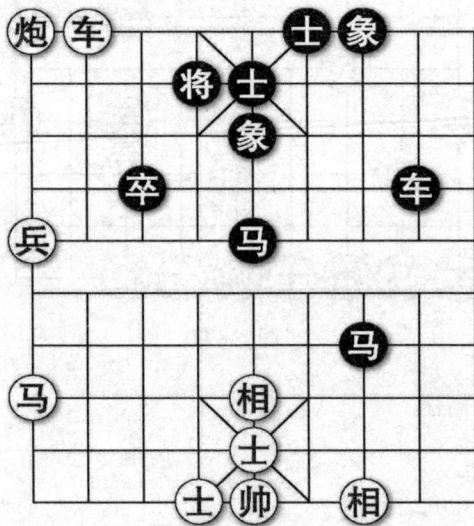

图7－48

如图局面红方兵种齐全，四子归边，形势占优。红方攻不忘守，先解后顾之忧，不给对方以可乘之机，保持了进攻的势头。

着法红先

①士五进六　　马5平6

红方不等马来先支士，攻中有守，预先防备，先解后顾之忧。如果走马九平八贪攻，黑方则有强烈的反击手段，试演变如下：①马九进八？马5进6！②士五进四　马6进4　③五平四　马7进8　④帅四进一　车8平7　⑤马八进七　车7平3　⑥车八退七　马4退5　黑方得子得势。

②士六进五　马6进7　③帅五平六　车8平4　④马九进八　红方胜势。

此局红方攻不忘守，牢牢掌握棋局的主动权。如果贪攻冒进，不但大好形势化为乌有，反而失子失先，由进攻转化为防守，使棋局陷入绝境。

例2 守中有攻（图7－49）

如图局面黑方少卒，已无取胜的希望，只能寻找机会谋取和棋。此时，黑方如果单纯防守走马6退8吃兵，红方车八进三再马七退九，黑方难以守和。黑方对形势进行全面分析，针对红帅位置不佳的弱点采取积极防守的办法——以攻为守，对红帅进行攻击，逼迫对方兑去主力而成和。

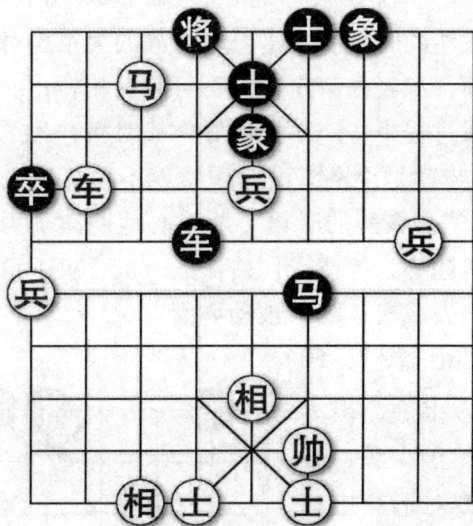

图7－49

着法黑先

①……　马6进4

②车八平六　车4退1

红方被迫兑车解杀。

③兵五平六　马4退3

④马七退八　马3进2

⑤马八退七　马2退3　和棋。

红方边兵不保，形成红方马双兵难胜黑方马士象全局面，黑方在劣势下守中有攻，巧妙地谋取了和棋。

三、动与静

双方棋子为了争取胜利，在棋盘上不停地战斗，这种战斗有时表现得迅猛激烈，有时又表现得和风细雨。象棋中的"动"就是一旦时机成熟就要闻风而动，为了胜利或者为了谋和，各个棋子应该前赴后继，不怕牺牲，组成各种战术组合去达到目的；象棋中的"静"就是在条件不成熟时，各个棋子应该不急不躁，要默默地积蓄力量，等待时机。俗话说"静若处子，动若狡兔"就是这个道理。

象棋中的动与静贯穿于攻守的全过程，攻与守由棋局的形势所决定，动与静则由战斗的时机所主宰。动与静的关系是对立的统一，是相辅相成的两个方面，二者在一定条件下可以互相转化。

初学者在弈战过程中一定要把握好作战时机，各子没有做好充分准备就不要"动"，也就是说拳头没有握紧就不要打出去，一旦打出去就应让对方感到"痛"。在静的时候，要耐心地调动子力，积蓄力量，顺乎棋局发展的自然趋势，等待或创造作战时机，决不可该动不动，该静不静。否则必将坐失战机，陷入被动局面。

例1 动如狡兔（图7-50）

如图局面红方多炮，黑方多卒，由于红方缺士少象，显然黑方好走。红方对形势进行深入分析之后认为攻击时机已到，突然以迅雷不及掩耳之势，顷刻之间取得胜局。

着法红先

①炮三进九　象9退7

红方弃炮轰象是取胜的关键。

②车五进二　士6进5

红方兑车是弃炮的后续

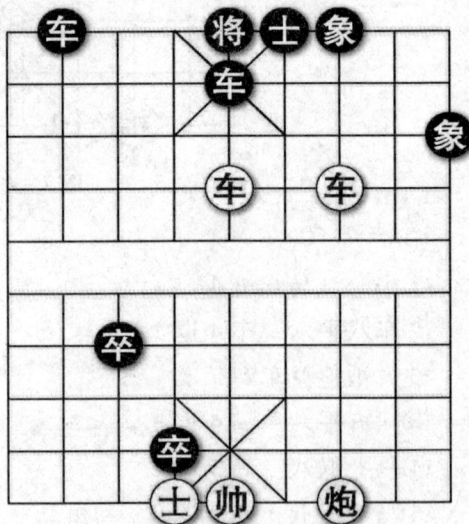

图7-50

手段。

③车三进三　白脸将杀，红胜。

此局红方抓住战机，调动全军，前赴后继取得胜局。如果红方该动不动，纠缠下去，前景肯定不妙。

例2 静若处子（图7-51）

如图局面红方多兵多相，占有物质优势，但车、马、炮配合较差，左车一时难以参战；黑车扼守2路要道，及时扑马到位，抢先发起攻势。

着法红先

①兵七进一　车2退1

红方弃兵诱着，以便开出左车。黑方不为弃兵所动，继续扼守2路要道，阻止红车开出参战。如走车2平3吃兵，则车九平八，红方将抢先发动攻势。

②兵七进一　车2进1

红方继续弃兵诱车。黑车牢记自己的作战任务，不动声色，继续忍让。

③车九进一　马9进8

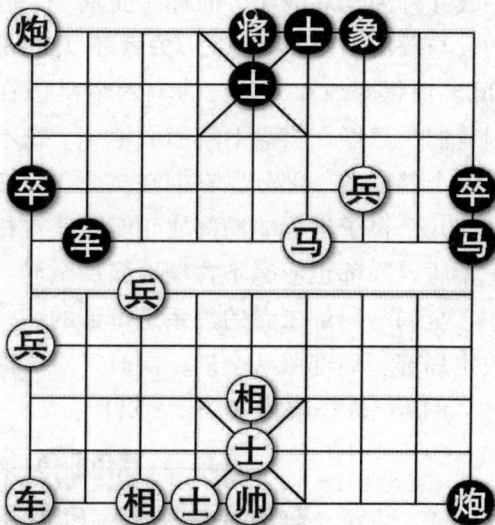

图7-51

红方置马于不顾，诱使黑车离开战略要道。

黑车不为弃马所动，抢先扑马到位，为发动总攻创造条件。如走车2平6吃马，则车九平八，红方有反击机会。

④马四退三　马8进7

黑方进马卧槽，发动总攻。

⑤马三退四　炮9退1　⑥士五退四　车2平6

红方如走士五进四，则车2平8；红方如走帅五平四，则车2平6，红方均佳应付。

黑车此时离开要道，算准可得马占优。

⑥车九平八　车6进4　⑧车八平四　炮9平6

　　黑方得子胜势。

　　此局黑方在进攻时机未到之时，镇静自若，不为红方弃子所诱惑，默默地运马到位，准备总攻条件，结果劫得一子，取得胜势。如果黑车贪子轻动，擅离要道，必将为红方所乘。

四、全局与局部

　　在实战过程中，那些为了争夺战场主动权进而威胁对方将（帅）的战斗称为全局战斗，简称"全局"；那些由一个棋子或几个棋子发起的、与攻击对方将（帅）关系不大的战斗称为局部战斗，简称"局部"。象棋弈战双方各自的十六个棋子在棋盘外是一个个孤立的个体，但它们一旦摆在棋盘上就形成了一个密不可分的有机整体，每个棋子都是这个整体的一部分，它们在棋盘上的任何活动都应服从整体的需要。即使几个棋子进行的局部战斗能够获得相当利益，但是如与全局战斗发生矛盾，局部也应毫不含糊地服从全局。

　　全局与局部二者的关系是辩证的统一，没有全局就没有局部，全局决定局部，局部服从全局，同时又对全局有积极的反作用。

　　例1　舍马攻将（图7－52）

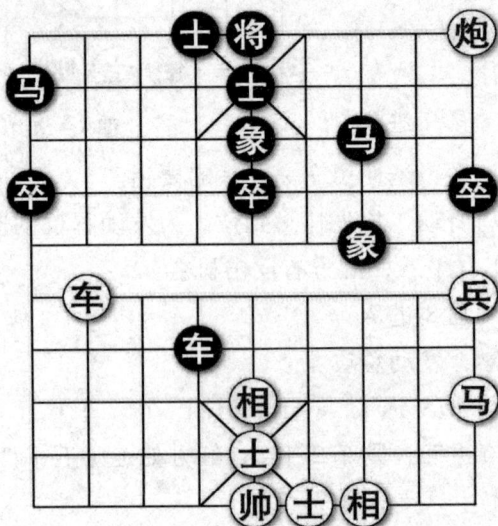

图 7－52

如图局面，红方可以车八进四捉死马，但黑方车4平8后红方将难以取胜。红方经过形势分析之后，毅然放弃吃死马的局部利益而走车八平二，占领要道，服从车、马、炮联合攻将的全局要求。一举获得胜势。现将着法演变如下：

着法红先

① 车八平二　车4平6

②车二进三　车6退4

红方不能车二进五"将军"，因黑方可以车6退6兑车。

③马一进二　红方胜势。

例2　弃车保帅（图7-53）

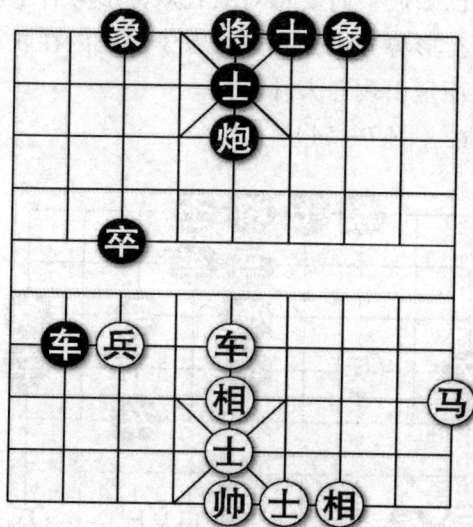

图7-53

如图局面，红方少子，七路兵亦难保全，如果纠缠下去，必负无疑。红方经过周密分析认为已无取胜可能，此时全局最高要求就是确保红帅安全，谋取和棋。因而毅然以车换炮。再兑掉七路兵。虽然在局部利益上受到一定损失，但局部利益服从了全局需要，交换之后红方可立于不败之地。

① 车五进四！象3平5　②兵七进一　卒3进1　③相五进七和棋

象棋中的五大战略

上面我们介绍了象棋的四大关系。如何在千变万化的弈战过程中处理好四大关系，夺取战场的主动权是象棋研究的主要课题，我们通过大量实践的总结，归纳出以下五个战略。

一、审时度势分清优劣

下棋时必须知己知彼，而要想对敌我双方形势有个清醒的认识，就必须随时对棋局进行形势分析，研究双方子力的内在联系，分清双方棋形的优劣短长，从而定出攻守大计。

例1 势优取胜（图 7－54）

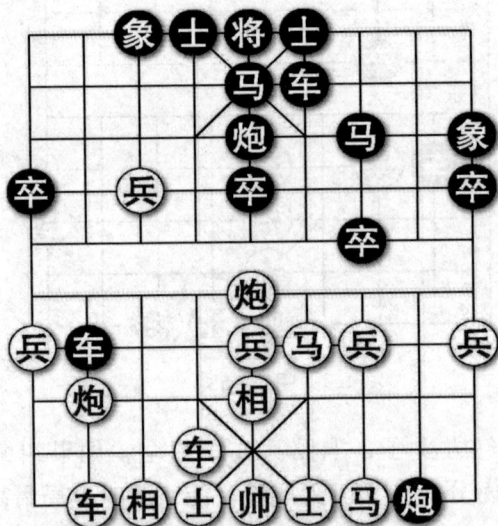

图 7－54

如图局面，双方已进入激烈的中局争夺。此时黑方双车灵活，但窝心马位置不佳，双象失去联络；红方左翼车、炮被拴，右翼底线受攻。马受威胁，但六路车位置甚好。红方对形势进行了深入分析，对双方利弊进行了比较，认为黑方窝心马是致命弱点，因而断定此时是红方优势，所以坚定地走车六进七，抢先发起攻击，现将双方着法演变如下：

着法红先

①车六进七，炮5进3（黑方如改走车6进5，则炮五进三，马5退7，炮八平七，车6进3，帅五进一，车2平3，车八进八，红方胜势。）

②炮八平七　车2平3

③车八进九　马5进6

④车六平四　红方得车胜势。

例2　势弱谋和（图7-55）

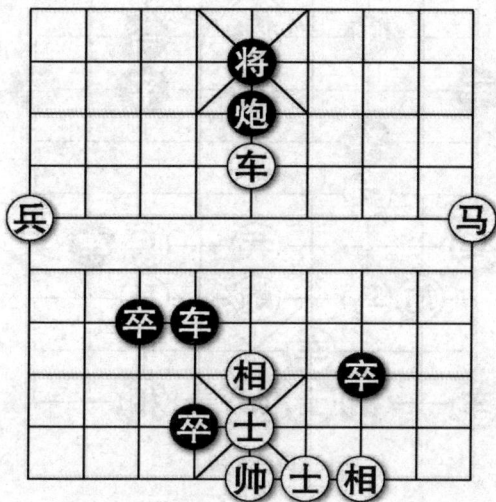

图7-55

如图局面，黑方士象皆无，中炮被困，但多卒，且有一卒锁住肋门，位置极佳；红方虽然士象全、车马占位较好，但边兵太远，一时难以参战。红方对形势进行深入分析，断定此时黑方易走，红方不宜久战，因而借先行之利，兑去黑方主力，谋取和棋。

着法红先

①马一进三　车4退4

②车五进一　车4平5

③马三进五　将5进1

形成三卒难胜单兵士象全的必和局面。

二、眼观全局主次分明

前面讲过下棋应有全局观点，局部要服从全局。因此在弈战过程中一定要眼观全局，分清主要矛盾与次要矛盾，决不能被假象所迷惑，以致主次不分，本末倒置，贻误战机。

例1　眼观全局（图7－56）

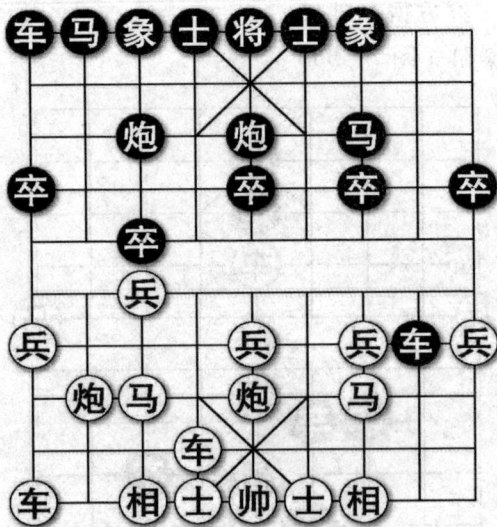

图7－56

如图局面是由顺炮横车对直车演变出来的，此时正是开局阶段，开局的中心任务就是尽快布置子力，红方明知七路兵被抓，仍弃兵跃马争先，不计较一兵一卒的得失。

着法红先

①马七进六　卒3进1

②马六进四

红方跃马争先正是胸有全局的具体表现，如果红方车六进三看兵，则目光短浅，违背了全局观念。

例 2 主次分明（图 7 – 57）

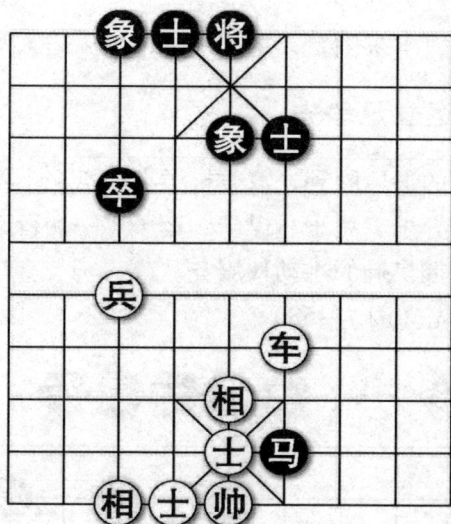

图 7 – 57

如图局面黑方处于劣势，谋取和棋是当前主要任务，此时红方同时捉吃黑方马和士。黑方到底留士还是留马，是由如何完成谋和任务所决定的。黑方经过形势分析认为，虽然马的价值比士大，但此时留士谋取和棋要简明得多，因此毅然弃马，然后兑掉红兵，形成单车难胜士象全的局面。

着法黑先

①……　　　士 6 退 5

②车四退二　卒 3 进 1

③兵七进一　象 5 进 3　和棋

此局黑方正确抓住谋和这个主要矛盾，各子的去留取舍都绝对服从这个主要任务，因而使棋局立于不败之地。当初黑方如果舍士留马，棋局将陷入危险境地，现试演变如下：

着法黑先

①……　　　马 6 退 8？

②车四进四　士 4 进 5

③车四平二　马8退6

④帅五平四　红方胜势

黑方舍士留马，本末倒置，主次不分，棋局陷入绝境，难以守和。

三、弃兑谋运立足争先

为了争取弈战的最后胜利，双方棋子在棋盘上不停地运动，棋子的去留取舍，也就是弃子、兑子、谋子、运子等一切行动，必须时时刻刻为争夺先手，为掌握棋局的主动权服务。

例1　着着争先（图7-58）

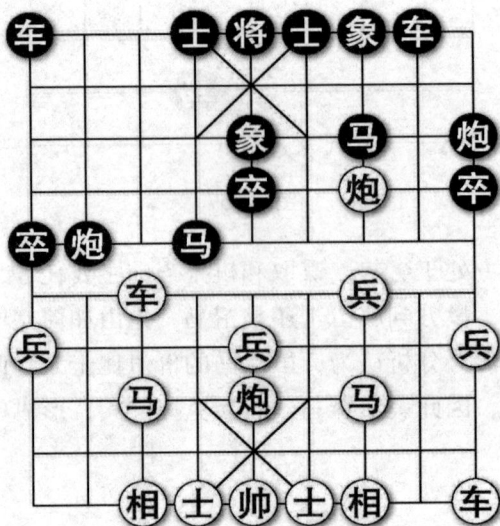

图7-58

如图局面双方形势大体相当，红方如何在相持中打破僵局争取先手，是这个时候需要考虑的主要问题，实战着法如下。

着法红先

①马七进六　车8进3

红方上马预定弃子，是争先计划的第一步。

②炮三进三　象5退7

红方弃炮争先。

③车七进一　炮2进3　④车七平六　炮2平7

红方兑马争先。

④车一进二　炮7退1　⑥车一平三　炮7平1

红方进车及平车捉炮是先手运子。

⑦兵三进一　车1平3　⑧兵三进一　车8进5　⑨马六进四　车3进9

红方不急于用兵吃马，而快马加鞭策马向前，争速度，争时间。

⑩马四进三　炮1进3

红方谋回失子占据好位，同时为发挥中炮作用创造条件。

⑪车三平四　士6进5

红方置左翼底线于不顾，抢先摧杀。

黑方如炮9退2，则炮五进四，红方亦占优。

⑫炮五进四　士5进6　⑬车四平六　车3退9　⑭士六进五　车8退6

⑮帅五平六　炮9平7　⑯前车进四　车3平4　⑰车六进七　将5进1

⑱车六退一　将5退1　⑲相三进五！炮1平2

红方不急于吃炮，先飞相避一手，考虑深远，是取胜的关键之着。

⑳车六进一　将5进1　㉑车六平三　炮2退7　㉒车三退一　将5退1　㉓兵三平四！红方不吃炮而平兵吃士是争先妙着，因黑方士象残缺，红兵的价值大增。至此红方胜势。

此局红方在形势均等的情况下，弃、兑、谋、运着着争先，牢牢把握战场主动权。

例2　步步紧逼（图7-59）

如图局面双方形势均等，但红方围绕争先的目的步步紧逼，在平稳之中争得先手，取得胜利。具体着法如下：

着法红先

①车四进二　马7退8

红方赶走黑马，为运炮中路作好准备。

②兵七进一　卒3进1

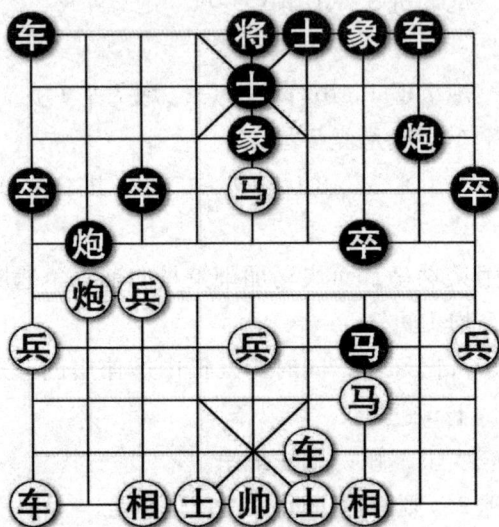

图 7-59

红方弃兵为炮让路。

③炮八平五　卒3进1

红方运炮中路是赶马、弃兵的目的。

④车九平八　炮2进1

⑤炮五进一　炮8平7

⑥车四进五　车1进2

红方弃马攻象是争先佳着。黑方被迫升车保象、固守中路。

⑦车四退四　炮2平6

红方一计不成又生一计，趁黑车离开底线，弃车强行打开通道，着法之妙令人拍案叫绝。黑方吃车无奈，否则车二平七，黑方更难应付。

⑧车八进九　士5退4　⑨马五平三　象5退3

⑩马三进二　红方胜势。

此局红方在平稳之中牢记争先宗旨，弃、兑、谋运步步紧逼，最后取得多子占优的优胜局面。

四、当机立断敢于搏杀

弈战双方要想争夺战场主动权，必须根据棋形的变幻，随时捕捉战机。俗话说"机不可失，时不再来。"在弈战过程中，如果没有攻守条件，可以创造条件。条件一旦成熟，就要敢于拼杀，敢于短兵相接，刺刀见红。决不能一味避战，甚至怯战。当断不断，必受其乱。

例1　弃马入局（图7-60）

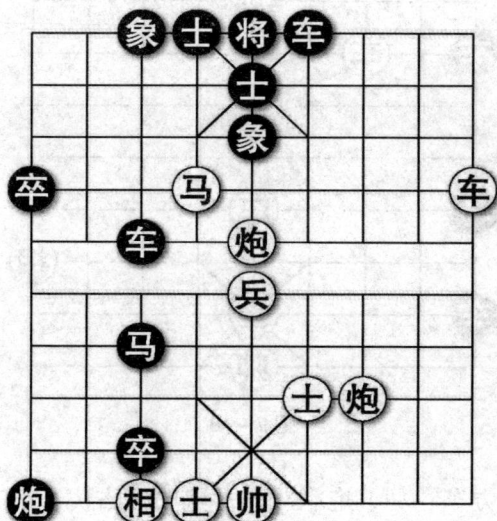

图7-60

如图局面黑方多子，小卒逼近"九官"，长期纠缠下去只会对黑方有利。红方对形势进行认真分析之后，认为进攻条件已经成熟，便果断弃马，用一系列精彩杀着连得双车，一举取胜。

着法红先

①马六进四！　车6进2

②车一进三　　车6退2

③炮三进七　　车6进5

④炮三平六　　车6退5

⑤炮六平四　　将5平4

如改走车3平5，兵五进一亦胜。

⑥炮四退四　　将4进1

⑦炮四平七　　象5进3　红方胜定。

例2 弃车谋和（图7-61）

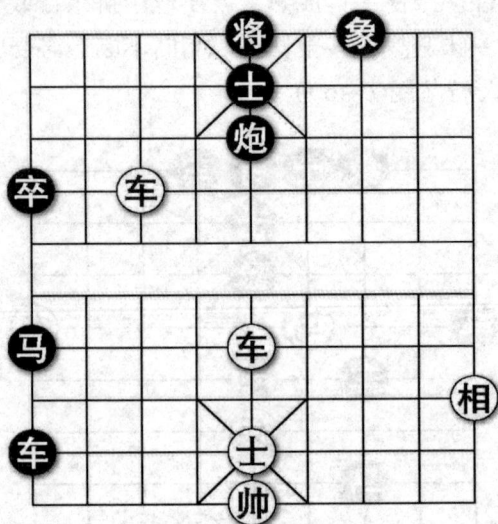

图7-61

如图局面黑方车、马、炮联攻，形势明显占优。红方对形势进行了全面分析之后，果断地以车换炮，然后用车牵住车、马，巧妙地谋取了和棋。

着法红先

①车五进四！象7进5

红方以车换炮是谋取和棋的关键，如车七退六防守底线，黑方车1平5，胜。

②车七平九　将5平4

红方吃卒牵住车、马是弃车的后续手段。

③士五退六　车1退1　相一退三　和棋

五、头脑冷静处变不惊

象棋是一种智力活动，棋局形势瞬息万变，对局者必须随时保持清醒的头脑，冷静地分析形势，拟定最佳攻守方案。对弈时，即使棋局出现了出乎意料的变化，也应处变不惊，镇定地分析新出现的局面，找出最佳应变措施。决不可头脑发昏，手忙脚乱，一误再误，导致棋局不可收拾。

例1 出帅解围（图7-62）

如图是由中炮对屏风马，平炮兑车演变出来的一个中局棋形。红方在中路有强大攻势，黑方在失卒失势的情况下，不甘落后，采取非常手段弃车抢攻。

着法红先

①相三进一 炮2平7

黑方弃车抢攻，以图一逼。现在四车见面，黑马窥槽，红方面临艰难的抉择。

②帅五平六！ 车8平7

红方面对黑方弃车抢攻

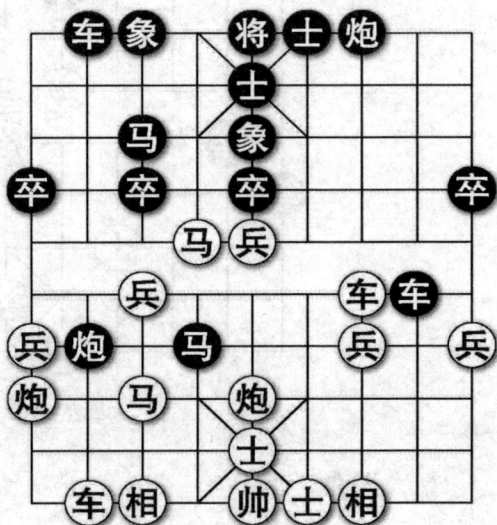

图7-62

的突然变着，不急不躁，冷静地分析形势，找出了未等"将军"先出帅这步应变措施。红方如果头脑发胀，贪吃黑车，将落入黑方圈套，受到强烈攻击。试演变如下：①车三平二 马4进3 ②帅五平六 车2进9 ③马六进七 前炮平2（黑方弃子有强大攻势）。④相一进三 车2进9 ⑤马七退八 后炮进2 ⑥兵五进一 马3进5 ⑦炮九进四 马5进6 ⑧马六退四 马4退6 ⑨炮九平一 红方多兵占优。

此局红方临变不惊，冷静地分析新出现的局面，找出最佳的应变措施，化解了黑方攻势，取得多兵好走的优势局面。

例2 抢先入局（图7-63）

如图局面红方多子，黑方多卒，双方正进行着激烈的中局拼杀。现在红马正踏黑车，黑方本来应该车8平7先守一步，再稳中求胜。但黑方贪攻心切，进车底线。受到红方强烈攻击。

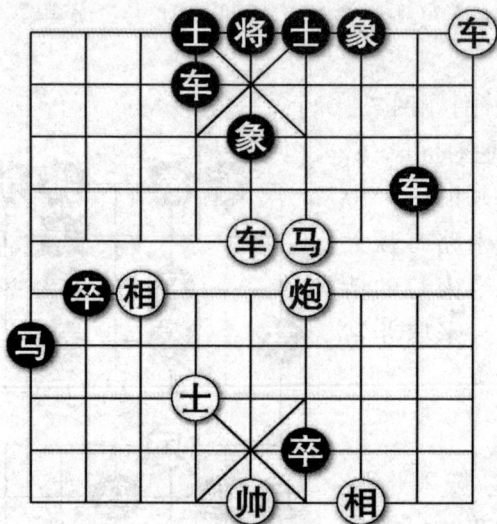

图 7 - 63

着法黑先

①……　车8进6?

黑方进车贪攻，对红方反击力量估计不足。

②车五进二　士4进5

红方在危急时刻弃车破象，发起猛烈反击。

黑方进士是逼迫之着，如误走象7进5，则车一平四，将5进1，马四平三，红胜。黑方又如走车4平5应将，则车一平三，车5进1，马四进五，红方有强烈攻势。

③车一平三　车8平7

黑方在形势要发生根本性逆转的关键时刻，弃车把红车调离前线是应变的最佳措施。如误走将5平4，则车三平四，士5退6，车五进二，红胜。

④车三退九　马1进2

黑方进马是弃车的后续手段。如改走车4进6，则车五平九，将5平4（黑方如走马1进2，则车九进二，车4退7，炮四平一，红方得车胜），车九进二，将4进1，炮四平六，马1进2，马四进六，车4退2，马六进八，将4进1，马八退七，将4退1，马七进五，将4进1，车九退二，红胜。

⑤炮四平一　马2退4

红方如走炮四平六，则车4平1，仕六退五，车1进8，炮六退四，车1平4，仕五退六，马2退4，黑胜。

⑥帅五平六　马4进2　⑦帅六平五　车4进8　黑胜。

此局黑方在优势的情况下，头脑发胀，不够冷静，低估了红方的进攻能力，以为马上就可获得胜利，结果遭到红方猛烈攻击，使形势发生了危险的变化。在这关键时刻，黑方头脑冷静下来，分析形势，找出了最佳的应变措施，毅然弃车，推迟红方进攻速度，赢得了宝贵时间，抢先一步取得胜局。

PART 8 裁判标准

裁判职责

（1）熟悉比赛的具体情况，根据竞赛组织机构的要求，拟订必要的补充规定。

（2）认真进行业务学习和裁判实习，细致检查比赛场地、器材及其他必需用品。

（3）加强与参赛者的联系，逐条阐明规则精神和执法尺度。

（4）严肃、认真、公正、准确地执行竞赛规程和规则，裁决比赛中出现的问题。

（5）根据竞赛日程，负责每场比赛的组织和监局，公布比赛结果。

（6）恪尽己职，维持良好的竞赛环境，使参赛者不受对方或观众干扰。

（7）对违反纪律的棋手有权给予或向上级建议给予适当处分。

（8）接受组委会竞赛组织机构的考评。

处分权限

（1）监局裁判有权作出"警告"处分。

（2）裁判长有权作出"取消当场比赛资格"的处分。

（3）竞赛组织机构有权作出"除名"处分。对除名者，按退出处理。

（4）在积分相同时，把受到（1）和（2）款处分的人（队），按其轻重程度和次数，依次排列在最后几个位置上。

对退出比赛的裁判

（1）参赛队或棋手不得无故退出比赛。确需退出者，须向竞赛组织机构申明正当理由，并取得同意。

（2）在比赛开始前退出，如系循环制且剩余为双数，应重新制签：如系积分编排制可考虑补足双数。

（3）在循环制比赛中，如有棋手（队）中途退出，处理办法如下：凡已赛对手不足半数者，则所有已赛结果一概注销；如达到或超过半数以上，则其成绩有效，其余未赛对局均作弃权，对方获胜。

（4）在积分编排制比赛中，不论是否过半，已赛结果均有效，未赛对局均作弃权，对方获胜。

对迟到的裁判

（1）比赛开始，如有一方迟到，则从轮他走棋时开动他的棋钟。超过规定时限，即判负。

（2）如果在规定时限之前赶到（以到达比赛座位为准），则必须在所剩时间内走满规定的着数。

（3）如双方迟到，则扣除双方迟到时间。一方超过规定时限即判负。若双方均超过规定时限，即判双方弃权。

（4）因一方缺席而判的胜负，在比赛成绩表上用"＋"号表示未经实际对局而获胜，用"－"号表示未经实际对局而作负。最后作统计时，如果缺席者是队，"＋"号等于 2 分；缺席者是个人，"＋"等于 1 分，"－"号都等于 0 分。

对超时的处理

（1）在规定时间内，不能走满规定着数者，按"超时"论。

（2）如使用有过时标志（小旗）的棋钟，以标志落下作为衡量"超时"的依据。

（3）如使用没有过时标志的棋钟，以分针是否越过最后一分钟半格、秒针是否越过 0 位为依据。如同时越过，按"超时"论；如只有一针越过，另一针未曾越过，不作"超时"。

（4）在对局过程中，如发现棋钟出现故障，应立即提出，由裁判更换。若钟面误差较大，裁判应向双方明确表示如何进行调整，取得一致后再予更换。如因棋钟故障而出现提前倒旗，由裁判根据比赛补充规定裁定。

（5）一方虽走出规定时限内的最后一着棋，但没来得及按钟，以至超过时限，此除非已经出现将死、困毙、对方认输、对方同意提和等有效结果，其他情况均应按"超时"判负。

提和的裁定

（1）提议作和必须在自己走棋后提出，而且只能在提和后方可按钟。提和必须轮流进行，任何一方不得连续提和。提和方不得撤回提议。对方口头不同意，或走出轮走的一着棋，则为拒绝和棋。

（2）双方走棋出现循环反复，符合"棋例"中"不变作和"的有关规定，循环反复局面达三次后仍在延续，即使双方都没有提和，裁判有权判和。

（3）一方提出"自然限着规则"和棋，裁判经停钟审核属实，即应判和。如不属实，判提出方犯规一次，并在其棋钟上加计5分钟继续对弈，若因此而超时，即判负。

（4）审核回合时，提出方对非提出方"将军"着数，最多只计10着。

（5）双方均未审核时，裁判经审核着数亦可判和。

待判局面的裁定

在对局中出现双方着法循环反复三次，一方棋手要求裁决，称为待判局面。按以下原则裁定：

（1）一方"长将"立即判负。

（2）双方均为允许着法或禁止着法，符合不变作和规定，立即判和。

（3）一方为禁止着法另一方为允许着法，犯禁方必须立即变着，若再重复一次循环，即判负。

棋例细则

对局中有时出现双方着法循环不变的重复局面。据以裁处这种局面的规则条例，称为"棋例"。

（1）在任何情况下，均不许可单方面长将。

（2）凡是走子前不存在捉，而走子后造成捉的（即从没捉到捉），一律按捉处理。

（3）凡走子后，预计下一着能在子力价值上构成得子者，均按捉处理。

（4）凡用作为根的子捉吃对方的子，也按捉处理。

（5）凡捉子兼具兑、献、送吃，也按捉处理。

（6）凡是原来已经捉着子的子或相关子，走动后无新的捉子行为（即从捉到捉）均按闲着处理。

（7）凡形式上捉子，一旦吃子立即会被对方将死者，均按闲着处理。

（8）双方均为禁止着法（不包括单方面长将），双方不变作和。

（9）其他棋子和帅（将）同时捉吃对方的棋子，均按捉处理。

（10）过河兵（卒）子力价值浮动。

（11）发生互打时，兵（卒）叫吃子均按捉处理。

（12）凡走子兼具多种作用，从重定性。

（13）占据防守要点，立即形成简明和棋，附带产生的捉士、相（象），按闲处理。

PART 9 风格流派

象棋在传承过程中形成了不同的流派，象棋界习惯上以地域和棋风来分，有南派和北派之别。南派棋风，行子细腻，华丽绵长，精于残局，喜好后发制人，代表人物：残棋圣手杨官磷。北派棋风，喜攻好杀，行棋大刀阔斧，看重布局，笃信先下手为强，代表人物：东北虎王嘉良。

在象棋发展极为兴盛的清乾隆时期，形成的主要流派有江夏派、顺天派、中州派、大同派、吴中派、武林派等，其中尤以毗陵派的周廷梅棋锋最锐，独冠魁首、横扫群雄，其时随周廷梅学棋者达 200 余众，成一时之盛。

不过以地域来区分象棋流派，太过于笼统，随着时代的进步，现代象棋的各家流派趋于大合流，古时的百家争雄的局面一去不复返，象棋流派的分水岭也越来越不明显。

于是有人提出象棋应该以技艺或称行棋手法、研究领域来分派，这样一来，大体可以分为开局流、残棋流、排局流、江湖流等数派。

开局流，以研究顺手炮、列手炮、屏风马、单提马、仙人指路、敛炮等开局为主，并有专著问世，真正做到了花开各朵单表一枝。

代表人物：朱晋桢、王再越、童圣公、郑自梅、吴梅圣、谢侠逊、王嘉良、胡荣华。

代表作品：《自出洞来无敌手》《金鹏十八变》《橘中秘》《梅花谱》《无双品梅花谱》《梅花泉》《梅花变法谱》《吴氏梅花谱》《善庆堂重订梅花变》《反梅花谱》《顺炮全集》。

残棋流，以研究实用残棋为主，讲究发挥每个子力的最大限度效力值，注重残局的运子技巧，并有著作论述。

代表人物：徐芝、于国柱、张惠春、薛丙、杨官磷。

代表作品：《梦入神机》《百变象棋谱》《适情雅趣》《韬略元机》

《心武残编》《烂柯神机》。

排局流，以人工创作排局为主，讲究象棋的艺术之美，认为象棋的最高水平是和棋，和棋能把象棋穷其变化，所以排局创作一般以和棋为主。

代表人物：张桥栋、李涅、杨典。

代表作品：《竹香斋象戏谱》《百局象棋谱》《渊深海阔象棋谱》《蕉窗逸品》《蕉竹斋》

江湖流，以专门研究青、红、混、反盘街头谋生棋局，且多设巧胜、反胜、夹杂象棋盘外招取胜为主。

PART 10 赛事组织

世界象棋联合会

世界象棋联合会（World Xiangqi Federation，缩写WXF）1993年4月6日成立于北京，来自亚洲、欧洲、美洲和大洋洲20个国家和地区代表出席大会，会议通过了《世界象棋联合会章程》。首任主席为中国人民政治协商会议副主席霍英东，现任主席为霍震霆。

世界象棋联合会的宗旨：推动世界范围内象棋事业的发展，组织和开展国际性象棋活动；鼓励和协助本会所属的象棋组织开展各种形式的象棋活动；通过象棋活动促进各国（地区）象棋组织之间的交往与合作，增进各国人民和象棋爱好者之间的友谊。

世界象棋联合会为推动象棋走向世界做出了卓越贡献。目前，在欧洲、美洲、大洋洲、亚洲等20多个国家和地区，都有象棋协会或组织，开展象棋活动异常活跃。

世界象棋锦标赛

世界象棋锦标赛是世界象棋联合会主办的中国象棋世界大赛，是世界上水平最高规模最大的中国象棋比赛之一。每两年一届。比赛设四个组别，即男子团体、男子个人、女子个人和非亚裔个人。

世界象棋锦标赛，每两年举行一次。从1990年至2011年已举办12

届，共产生象棋特级国际大师 27 人，其中男棋手 17 人，女棋手 10 人；产生象棋国际大师 30 人，其中男棋手 27 人，女棋手 3 人。

第一届世界象棋锦标赛于 1990 年在新加坡举行，中国获得了首届男子团体冠军，吕钦获得了首届男子个人冠军。值得一提的是，从开赛至今，男子团体和男子个人两个项目的桂冠一直由中国人摘得，从未旁落。

亚洲象棋联合会

亚洲象棋联合会（Web site of Asian Xiangqi Federation，缩写 AXF）是 1978 年 11 月 23 日在马来西亚沙捞越古晋市成立。其会员有香港、澳门、东马来西亚、西马来西亚、菲律宾、新加坡、泰国、文莱、中国。亚洲棋联现任会长是何贤（澳门），秘书长是陈罗平（菲律宾）。

亚洲棋联的宗旨是：增进亚洲人民和象棋运动员之间的团结；加强亚洲与其他洲象棋界之间的友好联系；提倡研究象棋棋艺以促进象棋国际化。

亚洲棋联的任务是举办国际性和区域性比赛；举行以促进象棋运动为目的的演讲会、展览会、讨论会及训练班；订立象棋制度、规则和裁判法，以建立完整的象棋体制。

亚洲象棋锦标赛

亚洲象棋锦标赛，亦称"亚洲杯"象棋赛。是亚洲象棋联合会组织的比赛。每两年举办一届。第一届于 1980 年在澳门举行，设男子团体赛、女子个人赛两个项目。第六、七届以女子团体赛取代女子个人赛；第八届起增设男子少年个人赛，并恢复原来的女子个人赛。

亚洲象棋个人锦标赛

亚洲象棋联合会组织的比赛。第一届于 1981 年在曼谷举行。1985 年第二届后确定为每两年举办一届。1991 年第五届起增设女子组比赛。第一至第六届比赛全称为"亚洲城市象棋名手邀请赛",第七届起改为"亚洲名手邀请赛",第十二届起定为"亚洲象棋个人锦标赛"。

中国象棋协会

中国象棋协会成立于 1962 年,总部设于北京。该会是中华全国体育总会下辖的单项运动协会之一;是中国象棋运动的全国性群众组织。1975 年国际象棋联合会正式接受中国象棋协会为会员。1978 年 11 月中国象棋协会加入亚洲象棋联合会,成为该会的第一批会员。

中国象棋联合会的宗旨是:宣传和推广象棋运动,弘扬民族文化,开发人民智力;负责青少年业余训练,培养选拔后备人才;组织、举办和承办国际性及全国性竞赛活动;拟定有关教练员、运动员、裁判员等级制度和管理制度;制定有关比赛的竞赛制度;开展国际交流;组织科学研究工作等。

该会设有全国委员会、秘书处、技术委员会、裁判委员会、教练委员会、学务委员会、新闻出版委员会、青少年工作委员会、会员委员会、企业家委员会等机构。中国象棋协会现任主席是陈远高。

全国象棋个人锦标赛

全国象棋个人锦标赛，是由中国象棋协会每年举办一次的象棋盛会，只有 1976 年因故只举办了预赛，未进行决赛。这是国内规格最高、影响最大、举办时间最长的象棋个人比赛，在这个大赛上夺冠封王已经成为每一个中国棋手的梦想。从 1956 年至 2012 年共诞生了 16 位引人瞩目的全国棋王。

"五羊杯" 全国象棋冠军赛

"五羊杯"全国象棋冠军赛是中国大陆象棋最高水平的赛事之一，是国内外象棋比赛中最具影响的知名品牌之一。赛事由《羊城晚报》和《新体育》杂志社发起，由霍英东基金会赞助，原来仅有历届中国全国象棋个人赛冠军可以参加，后香港、澳门特邀棋手也得以出席。赛制为每年一届，首届于 1981 年在广州市文化公园中心台举行。历届五羊杯赛的成功举办，已为象棋运动的普及、发展和提高起到了巨大的促进作用。

PART 11 精神礼仪

棋品的修养

象棋是我国优秀的文化遗产，深受广大群众喜爱。在提高自身棋艺的同时，一定要提高自身的棋品修养。我们敬爱的陈毅曾为棋艺事业作了如下题词："纹枰对坐，从容谈兵，研究棋艺，推陈出新，棋虽小道，品德最尊，继承发扬，专赖后昆，敬待能者，夺取冠军。"

"棋虽小道，品德最尊"，言简意深的八个字把棋品提到极重要的位置，那么到底什么是棋品呢？我们认为棋品就是人的道德品质在弈战中的表现。棋品的内容比较广泛，我们准备从以下几个方面进行探讨。

思想方面：在弈战时首先要树立正确的指导思想，对所出现的棋局随时进行形势分析，不断提高自己的逻辑思维和形象思维能力。

性格方面：双方进行棋战的最终目的是消灭对方将（帅），要想达到这个目的，就必须组织棋子去进攻，进攻的原则贯穿于弈战过程的始终，因而对局者必须具有强烈的胜负意识和旺盛的进取精神。

意志方面：既要进攻就必然会遭到对方抵抗和反击，要想攻破对方防线，取得胜利，对局者必须具有顽强的战斗意志。

态度方面：要想取得棋局的胜利，光有明确的思想、进取精神、战斗意志还不够，还必须具有一定的作战手段，也就是说要熟练掌握棋子活动的技能和技巧，这就要求我们在读谱学习前人经验的基础上进行大量实战练习，局后复盘，找出利害得失，这样就可以不断提高自己的棋艺水平。

道德方面：下棋既然是竞赛项目，就不是个人的私事，它要和群众和社会发生各种联系。下棋时，对弈双方必须互相尊重，谦虚礼让，做到弈者不言，观者不语，这样才能达到互相切磋、共同提高的目的。

以上所讲是棋品涉及的几个方面，俗话说"未练棋，先练品"，可见棋品的修养是学棋过程的重要组成部分，初学者一定要注意自身棋品的修养。

我们根据多年的经验和目前棋界存在的问题，总结出四要、四不要，以供初学者在进行棋品修养时参考。

四要：一要明确目的胜负欣然，二要遵守棋规文明礼貌，三要三思而行胆大心细，四要局后复盘反复实践。

四不要：一不要目空一切骄傲自满，二不要死背棋谱生搬硬套，三不要畏敌怯阵患得患失，四不要赌博斗气耽误学习。

总之，在学习棋艺的同时，必须加强棋品的修养，这样你才可能成为一个胸怀坦荡，思路宽广，水平超群的优秀棋手。

学习象棋是艰苦的，但是细土可以堆成山，涓水可以汇成川，世上无难事，只要肯登攀。只要我们本着铁杵磨针、滴水穿石的精神，按照象棋内在规律指引的道路向上奋勇攀登，就一定能够到达象棋事业的顶点。

参赛棋手须知

由中国象棋协会编写，由国家体育总局审定的 1999 年版《中国象棋竞赛规则》中的"棋手须知"，对棋手的参赛礼仪作出了如下规定：

（1）服装整洁，仪表大方，不得出现有碍观瞻和失态的举动。

（2）了解本规则的全部条款，比赛程序和章程以及其他临时补充规定，出现问题，不得以"不了解"作为推诿的借口。

（3）对局时，禁止随意离座或与任何人交谈及参考任何资料，禁止用棋具或借助纸笔等物对局势作分析研究。

（4）禁止以任何方式干扰对方分散对方注意力，禁止一切妨碍比赛正常进行的言行。

（5）对局进行中如有问题，应在自己走棋的时间内提出（遇对方犯规时例外）。发生争议时，应当服从裁判，但可保留事后向竞赛仲裁机构提出申诉的权利。

（6）比赛时必须用走棋的手按钟，按钟不可过重。

（7）遵守体育竞赛纪律，不得相约让分或媾和。

（8）对违反上述条款的棋手，可以根据情节轻重，判其犯规直至予以警告、判负、除名等处分。

PART 12 等级称号

中国象棋棋手技术等级标准

一、等级称号和等级标准

（一）特级大师

（1）获全国个人赛冠军

（2）两次获全国个人赛第 2 名

（3）三次获全国个人赛第 3 名

（4）两次达到等级称号赛规定之胜率

（二）大师

（1）获全国个人赛前 16 名

（2）两次达到等级称号赛规定之胜率

（三）一级棋士

（1）全国个人赛第 17 至 32 名

（2）省、自治区、直辖市个人赛前 6 名

（3）行业体协、计划单列市前 3 名

（4）全国少年个人赛前 3 名

（四）二级棋士

（1）全国个人赛第 33 至 60 名

（2）省、自治区、直辖市个人赛第 7 至 16 名

（3）行业体协、计划单列市第 4 至 12 名

（4）省辖市、地区、自治州个人赛前 6 名

（5）全国少年个人赛第 4 至 12 名

（6）省、自治区、直辖市少年个人赛前 3 名

（五）三级棋士

（1）省、自治区、直辖市个人赛第 17 至 36 名

（2）省辖市、地区、自治州个人赛第 7 至 18 名

（3）行业体协、计划单列市个人赛第 13 至 24 名

（4）县个人赛前 8 名

（5）全国少年个人赛第 13 至 24 名

（6）省、自治区、直辖市少年个人赛第 4 至 12 名

女子

（一）特级大师

（1）两次获全国个人赛冠军

（2）获一次全国个人赛冠军并获国际大师称号

（3）获特级国际大师称号

（4）两次达到等级称号赛规定之胜率

（二）大师

（1）获全国个人赛前 12 名

（2）两次达到等级称号赛规定之胜率

（三）一级棋士

（1）全国个人赛第 13 至 24 名

（2）省、自治区、直辖市个人赛前 3 名

（3）行业体协、计划单列市个人赛冠亚军

（4）全国少年个人赛前 3 名

（四）二级棋士

（1）全国个人赛第 25 至 33 名

（2）省、自治区、直辖市个人赛第 4 至 12 名

（3）行业体协、计划单列市第 3 至 8 名

（4）省辖市、地区、自治州个人赛前 3 名

（5）全国少年个人赛第 4 至 12 名

（6）省、自治区、直辖市少年个人赛前 3 名

（五）三级棋士

（1）省、自治区、直辖市个人赛第 13 至 24 名

（2）省辖市、地区、自治州个人赛第 4 至 12 名

（3）行业体协、计划单列市个人赛第 9 至 20 名

（4）县个人赛前 8 名

（5）全国少年个人赛第 13 至 24 名

（6）省、自治区、直辖市少年个人赛第 4 至 12 名

二、评定技术等级称号的有关规定

（一）凡达到等级标准中的一条标准者，即可获得申请该项技术等级称号的资格。

（二）非各级正式比赛的成绩和未明确的名次，不得作为确定技术等级称号的依据。

（三）在国际性比赛中如达到本标准规定之胜率，可作为确定技术等级称号的依据。

（四）与等级分有关的规定另发。

三、批准权限

（一）特级大师、大师由国家体委批准授予。

（二）一级棋士由省、自治区、直辖市体委及享有审批一级运动员技术等级标准权限的单位批准授予。

（三）二级棋士由地区、省辖市体委及享有审批二级运动员技术等级标准权限的单位批准授予，并报上一级部门备案。

（四）三级棋士由县体委批准授予，并报上一级部门备案。

象棋业余棋手技术等级标准

一、等级称号和等级标准

(一) 棋协大师

(1) 中国象棋协会批准举办的全国象棋业余比赛个人前 16 名，团体前 2 名。

(2) 中国象棋协会批准的全国象棋少年比赛 16 岁组个人前 8 名；14 岁组个人前 6 名。

(3) 省、自治区、直辖市、行业体协象棋个人赛前 8 名。

(二) 地方大师

(1) 中国象棋协会批准举办的全国象棋业余比赛个人第 17 至 36 名，团体第 3 至 6 名。

(2) 中国象棋协会批准的全国象棋少年比赛 16 岁组个人第 9 至 24 名；14 岁组个人第 7 至 16 名；12 岁组前 3 名。

(3) 中国象棋协会批准的全国网络、通讯象棋比赛个人第 1 名。

(4) 省、自治区、直辖市、行业体协象棋个人赛第 9 至 24 名，团体赛前 2 名。

(5) 省、自治区、直辖市 14 岁以上青少年象棋个人赛前 8 名。

(6) 计划单列市象棋个人赛前 8 名。

(三) 业余一级棋士

(1) 中国象棋协会批准举办的全国象棋业余比赛个人第 37 至 72 名，团体第 7 至 12 名。

(2) 中国象棋协会批准的全国象棋少年比赛 16 岁组个人第 25 至 48 名；14 岁组第 17 至 36 名；12 岁组第 4 至 16 名；10 岁组前 8 名。

(3) 中国象棋协会批准的全国象棋儿童比赛 10 岁组前 8 名；8 岁组前 6 名。

（4）中国象棋协会批准的全国网络、通讯象棋比赛个人第2、3名。

（5）省、自治区、直辖市、行业体协个人赛第25至48名，团体赛第3至6名；少年赛14岁以上组第9至24名；12岁组前8名；10岁组和8岁组前6名。

（6）计划单列市个人赛第9至24名。

（7）省辖市、地区、自治州象棋个人赛前8名。

（8）省辖市、地区、自治州象棋少儿赛各组冠军。

（四）业余二级棋士

（1）中国象棋协会批准举办的全国象棋业余比赛个人第73至120名，团体第13至24名。

（2）中国象棋协会批准的全国象棋少年比赛16岁组第49至84名；14岁组37至64名；12岁组第17名至48名；10岁组第9至24名。

（3）中国象棋协会批准的全国象棋儿童比赛10岁组第9至24名；8岁组第7至16名；6岁以下组前6名。

（4）中国象棋协会批准的全国网络、通讯象棋比赛个人第4至8名。

（5）省、自治区、直辖市、行业体协象棋个人赛第49至108名，团体赛第7至12名；少年赛14岁以上组第25至60名；12岁组第9名至24名；10岁组和8岁组第7名至16名。

（6）计划单列市个人赛第25至60名。

（7）省辖市、地区、自治州象棋个人赛第9至24名。

（8）省辖市、地区、自治州象棋少儿赛第2至8名。

（9）区、县级象棋个人赛前6名。

（10）区、县级象棋少儿赛冠军。

（五）业余三级棋士

（1）中国象棋协会批准的全国象棋少年比赛14岁组65名至128名；12岁组第49名至96名；10岁组第25至48名；8岁组第17至36名；6岁以下组7至16名。

（2）中国象棋协会批准的全国象棋儿童比赛10岁组第25至48名；8岁组第17至36名；6岁以下组7至16名。

（3）中国象棋协会批准的全国网络、通讯象棋比赛个人第 9 至 16 名。

（4）省、自治区、直辖市、行业体协象棋个人赛第 109 至 180 名，团体赛第 13 至 24 名；少年赛 14 岁以上组第 61 至 96 名；12 岁组第 25 名至 60 名；10 岁组和 8 岁组第 17 名至 32 名。

（5）计划单列市个人赛第 61 至 108 名。

（6）省辖市、地区、自治州象棋个人赛第 25 至 48 名。

（7）省辖市、地区、自治州象棋少儿赛第 9 至 16 名。

（8）区、县级象棋个人赛第 7 至 16 名。

（9）区、县级象棋少儿赛 2 至 8 名。

（六）业余四级棋士

（1）中国象棋协会批准的全国象棋少年比赛 12 岁组第 97 名至 156 名；10 岁组第 49 至 96 名；8 岁组第 37 至 84 名；6 岁以下组 17 至 32 名。

（2）中国象棋协会批准的全国象棋儿童比赛 10 岁组第 49 至 96 名；8 岁组第 37 至 84 名；6 岁以下组 17 至 32 名。

（3）省辖市、地区、自治州象棋少儿赛第 17 至 32 名。

（4）区、县级象棋个人赛第 17 至 32 名。

（5）区、县级象棋少儿赛 9 至 16 名。

（七）业余五级棋士

（1）中国象棋协会批准的全国象棋儿童比赛 10 岁组第 97 至 156 名；8 岁组第 85 至 144 名；6 岁以下组 33 至 48 名。

（2）省辖市、地区、自治州象棋少儿赛第 33 名至 48 名。

（3）区、县级象棋少儿赛第 17 至 32 名。

（八）业余六级棋士

（1）中国象棋协会批准的全国象棋儿童比赛 6 岁以下组 49 名至 72 名。

（2）省辖市、地区、自治州象棋少儿赛第 49 名至 72 名。

（3）区、县级象棋少儿赛第 33 至 48 名。

二、评定技术等级称号的有关规定

（一）本技术等级标准为中国象棋协会象棋业余棋手技术等级序列。其技术等级称号的申请，只能依据全国各级象棋管理部门和象棋协会批准举办的比赛名次。

（二）凡达到等级标准中任何一项标准者，即可获得申请该项技术等级称号的资格。

（三）棋协大师称号亦可通过中国象棋协会授权的特级大师鉴定而产生；地方棋协大师称号亦可通过中国象棋协会授权的大师鉴定而产生。

三、批准权限

（一）棋协大师由中国象棋协会批准授予，同时也可批准授予地方大师至业余六级棋士。

（二）省、自治区、直辖市、计划单列市体育行政部门和行业体协的批准权限为地方大师至业余六级棋士。

（三）省辖市、地区、自治州体育行政部门的批准权限为业余一级棋士至业余六级棋士。

（四）区、县或相应的地方体育行政部门的批准权限为业余二级棋士至业余六级棋士。

PART 13　明星花絮

"中国棋王"　谢侠逊

　　谢侠逊（1887—1987），名宣，小名卿源，原字弈算，后改字侠逊，号烂柯山樵。浙江省平阳县人。1918 年，获全国象棋个人冠军；1926 年被推为全国棋坛总司令。他不仅精通中国象棋，也深谙国际象棋，1929 年至 1931 年，三次国际象棋大赛中，三次夺冠，扬威世界。抗战期间，作为国家特使赴南洋诸国，以弈棋宣传抗战，募得巨资支持抗日，并动员 3000 多名华侨青年归国投身抗战，为我国民族解放事业作出突出贡献。谢老平生著作甚丰，共出版棋谱 10 多部计 29 册。是公认的"中国棋王"，在其家乡建有"中国棋王碑林"。

棋中神童，棋坛司令

　　谢侠逊生在温州平阳县凤巢乡一个农民家庭。温州地区文风昌盛，自古有棋乡之称。谢侠逊 6 岁从父学棋，10 岁开始读象棋古谱《韬略玄机》，逐局研究，棋艺大进，横扫乡里，人称"棋中神童"。13 岁与温州棋魁陈笙战成平手，名噪东瓯。

　　谢侠逊 14 岁时，迁居上海。1912

谢侠逊

年谢侠逊为上海《时事新报》象棋专栏撰稿，后受聘为《时事新报》《神州新报》《新闻报》《大公报》象棋专栏编辑。

1918 年，上海举办全国个人象棋比赛，有 60 多名棋坛高手，谢侠逊力挫群雄，登顶夺冠。

1926 年，棋友们在上海成立"全国象棋司令部"，谢侠逊被推为总司令。他还委任了各军长、师长、旅长，轰动一时。

屡夺冠军，名扬世界

1928 年，谢侠逊首创介绍象棋比赛实况、可供观众欣赏的挂式大棋盘，此创造后被推向全球。谢侠逊不只精于中国象棋，还刻苦研究国际象棋，初学国际象棋即将众多外国象棋名手斩落马下。成立于 1903 年的上海"万国象棋会"，会员一直都是外国人。董事英国人杰克逊目睹了谢侠逊的棋艺后，破例邀请他入会，他因此成为"万国象棋会"第一个中国会员。1929 年至 1931 年，三次国际象棋大赛中，谢侠逊斩关夺隘，势如破竹，连连夺冠，名扬海内外。

1934 年，新加坡、印尼一带棋友多次邀请谢侠逊赴南洋比赛，一路上侨胞对他热情接待，礼敬有加。在新加坡表演时，英国皇家空军司令亨特要求和谢侠逊对弈。亨特是 1934 年英国国际象棋赛冠军、马来西亚国际象棋冠军，他并不把谢侠逊放在眼里，扬言愿意让两子。谢侠逊焉能忍受如此侮辱，执意"平着"。临时决定的"中英国际象棋友谊赛"在嘉东华侨游泳会举行，谢侠逊沉着应战，最终杀得亨特阵脚大乱，欲求和棋，谢侠逊不从，一举击败亨特。当地华侨为之扬眉吐气。接着又战胜前国际象棋冠军荷兰名将溪简氏。归途中，谢侠逊参加在广州沙面举行的中、英、美、德、奥五国"银龙杯"国际象棋大赛，以胜十八局、负一局、和一局夺得冠军。

毛遂自荐，以棋救国

芦沟桥事变发生一个月以后，上海发生"八·一三"事变，日冦大举侵华。谢侠逊虽年已半百，然而"国家兴亡，匹夫有责"，决心为抗日救亡尽一份力量。他将妻儿送回平阳老家，只身来到南京请缨救国。无奈国民党当局对此置之不理，谢侠逊报国无门，心急如焚。后逢国民党政府准备派五位巡回大使出国募捐，其中赴欧美四人已定，唯去南洋的苦无适当人选。谢侠逊找到邵力子，毛遂自荐。邵力子为他忧国忧民的精神所感动，答应为之保荐，并题词相赠："胜者所用败者之棋，明乎此义，复兴中国何难哉！"张治中也赠题词一帧："虽剩一兵一卒，亦必抗战到底，必得胜利而后已。"冯玉祥手书"象棋国手"嘉勉。

谢侠逊离开广州，转道香港，乘船直航菲律宾。谢侠逊先以棋会友，在菲岛同许友超、李秋庵等棋坛名将连战连和。他事后谈及，此行目的是团结侨胞，一致抗日，内部以和为贵，而不以搏杀成败为乐。正在此时，南京失守消息传来，谢侠逊和侨领商定，当即召开大规模的"全菲华侨抗日救亡大会"，并亲自拟就一副对联，高悬大会讲台两侧："廿年霸越，三户亡秦，抗战奋前途，莫辜负菲岛潮声，岷江蟾影；汉患匈奴，唐遭突厥，古今同劫局，应急效班超投笔，卜式输财。"会上群情激奋，当场认捐。

在槟城时，当地筹赈组织借用体育场地划为棋枰，招募男女青年各16人为"活棋子"，当谢侠逊和棋手们比赛时，男女青年进退自如，煞是好看。观众人山人海，蔚为壮观。

谢侠逊从菲律宾到印尼，又从印尼到马来西亚、新加坡、泰国，取道缅甸回国，从1937年至1939年，历时两年。谢侠逊以弈棋形式在侨胞中宣传抗日救国，为慰劳抗日伤兵、救济难民募捐，计得捐款5000多万元及许多金银珠宝首饰。先后归国参加抗战的华侨3300余人。

象棋残局，共抒国难

1939年夏，谢侠逊回到重庆，此时他已鬓须斑白了。他常在东方协会内与爱国民主人士对弈象棋，还为《大公报》副刊《象棋残局》专栏撰写棋稿，每日刊登一局。一天下午，忽传周恩来来到协会，有请棋王。谢侠逊又惊又喜，一时不知所措。周恩来同谢侠逊紧紧握手，嘘寒问暖。周恩来提出对弈，谢侠逊欣然从命。于是一面品茗，一面下棋，三局皆和。周恩来棋法娴熟，守得平稳，攻得锐利，着法多变，颇有大将风度。谢侠逊对此大为惊异，询问如何研究的。周恩来亲切地告诉他：象棋设备简单，群众喜爱，故此项运动在延安很普及。他们还一边谈论古今棋谱优劣短长，从《橘中秘》重"当头炮"，谈到《梅花谱》重"屏风马"，从对古代名家，谈到对今日高手的看法。周恩来意味深长地说："明人重马，清人重炮，我们应该重兵卒。"谢侠逊回答说："马，虽有八面威风，但可用兵卒制马。"周恩来昂首大笑，爽朗地说："对！对！兵卒就是群众，抗日救国就是要广泛发动群众啊！"后来，谢侠逊把第二局残局命名为《共抒国难》，发表在重庆《大公报》副刊《象棋残局》上，以纪念这次有意义的会见。

此后，他常去曾家岩，与周恩来见面。在《大公报》副刊《象棋残局》上，他连续发表《士兵至上》《锄奸诛伪》《兴中扫日》《内战自杀》等局名，宣传抗日，反对内战。国民党特务向谢侠逊发出警告信、恐吓信，他都置之不理。特务终于对他下手了。他在上曾家岩途中遭到毒打，第四根肋骨被打断，伤及左肺，口吐鲜血，昏倒在地。后来被曾家岩通讯员发现，送到医院抢救。事后，重庆《新民报》作了详细报导，引起社会极大愤慨。周恩来亲自赶到医院慰问。

抗日战争胜利后，国民党发动内战，悍然向解放区进攻。驻重庆的中共代表团也被迫撤回延安。谢侠逊赶到曾家岩为周恩来等送行，不觉潸然泪下。周恩来笑道："别时容易见亦易，心有灵犀一点通。我们相信，少则三年，多则五年，又可相会了。"两人互道珍重话别。谢侠逊对国民党反动统治十分不满，以《止戈为武》《救民水火》《制止内战》《悬崖勒马》《暴政必败》等为残局题名，来反对国民党独裁统治和倒行逆施。他1947年离渝回沪，旋返平阳老家，重新起用过去的别号"烂柯山樵"，欲与棋枰为伴，终了此生。

正当谢侠逊心灰意懒之际，平阳解放了。次年，他又回到上海，同棋坛老友见面。在周恩来总理的大力推荐下，谢侠逊被上海文史馆聘为馆员。任首、二届全国象棋赛总裁判长，国庆十周年参加天安门观礼，并先后被任命为全国象棋协会副主席、中日象棋协会副主席和上海棋类协会副主席。

奖掖后进，著书立说

1981年，他听说全国棋类联赛在温州举行，兴奋不已，以93岁高龄执意赴会。在会上，谢侠逊见到新中国第一代象棋冠军杨官璘，第三代冠军柳大华，感到象棋事业后继有人，心里十分高兴。他还与温州棋坛老将沈志弈举行公开表演，一时传为佳话。谢侠逊一生积极推广棋类教学，桃李满天下。其中国内杰出国际象棋青年教练杨海南，就是师承于谢侠逊先生，是其第三代传人。

1985 年，国家体委和上海市为他举行了隆重的百寿大庆，上海市委书记江泽民、国家体委主任李梦华、亚洲棋协会长霍英东及港澳、美国、新加坡各棋社派代表来祝贺。江泽民题了"百龄高手，永葆青春"的贺词。国家体委特在他百岁寿辰时授予"体育运动荣誉奖章"。

谢侠逊一生著作甚丰，共出版棋类著作十余部 29 册。他于 1929 年出版了我国象棋史上第一部最完整的棋书《象棋谱大全》。该书分共 12 册，计 200 余万字，出版后大受欢迎，至 1945 年，已再版 9 次。袁世凯与日本签订二十一条时，他用 30 局残局精妙绝伦地排成"莫忘国耻"字形，并出版了《国耻纪念象棋新谱》一书。另有《象棋初步》《象棋心得》《象棋指要》等等。

百岁棋王，碑林永存

谢侠逊被誉为"百岁棋王"。他晚年回顾 90 年"戎马"生涯，常常激奋不已。他在赠给平阳后辈的题诗中写道："人生百岁行程易，烂尽樵柯乐此身。"表达了终身献给祖国象棋事业的不渝之志。

1987 年 12 月 22 日，谢侠逊老人在上海逝世，享寿 101 岁。其子孙遵其"生育平阳，归土故乡"的遗嘱，于 1990 年将其骨灰护送回平阳安葬。

谢侠逊逝世后，棋乡人民为了纪念他和弘扬中国象棋文化而修建了中国棋王碑林，坐落在平阳县腾蛟镇的卧牛山南麓。碑林收藏着政界、社会名人、书法家为谢侠逊题词的 60 块碑。碑林占地 1800 平方米、主碑是江泽民为谢侠逊百岁寿诞的题词及周恩来在重庆与谢侠逊对弈的《共抒国难》残局。中国书法家协会常务理事、《人民日报》社长邵华泽为碑林题名，《人民日报》副总编周瑞金撰写碑林题记。另外，曾与谢侠逊直接或间接交往过的近代名流梁启超、于右任、章士钊、李济深、冯玉祥、李宗仁、林森、孙科、张治中等 60 余人亦留迹其中。

中国象棋理论奠基人——贾题韬

贾题韬（1909 - 1995），号玄非，法名定密，山西洪洞人。信奉藏传佛教，对于佛学，特别是禅学造诣精深，在海内外颇有影响。他业余爱好象棋，1940 年 11 月战胜过"中国棋王"谢侠逊，同时他又是我国象棋理论的奠基人，1941 所著《象棋指归》出版，深受象棋爱好者的欢迎，后来被新加坡象棋学会列为"古今象棋十大名著"之一。

人品棋品，受人敬重

贾题韬生在洪洞县赵城一个富裕之家。自幼天资聪明，记忆力特强。从小受的是"学而优则仕"的传统文化教育，不论是家庭或是他个人，总希望将来在仕途上有所成就。为此，童年时，他虽已学会了弈象棋，不过是课余玩玩，似乎没有想到今后会成为象棋国手和棋艺理论家。

贾题韬毕业于山西大学，在校期间经校长常燕生介绍曾加入过青年党，做过少将参议，当过国大代表。先后任山西大学、金陵大学、成华大学教授，讲授逻辑学、哲学等。20 世纪 40 年代创建"维摩精舍"，解放后在西藏、四川等地从事佛教领导和研究工作。

他的人品和棋品极好，令人尊敬。据《贾题韬与竹园棋社》等文载：贾弈棋时总是戴一副眼镜，正襟危坐，目不斜视；他从不敲子以免影响对方的思绪，更不在弈棋时谈话。至于弈完后，除了对方有意请他分析指教外，从不倚老卖老，自以为是。如果在弈

贾题韬

棋的中途，需小解之类的，必和对方招呼后才离开；弈棋中偶尔说一两句话也很谦逊，绝没有自我吹嘘的成分。

在弈棋的内在品质方面，贾题韬更是顶刮刮的。既讲求实事求是，又以棋艺和事业为重；既诲人不倦，又严于律己。1940 年时，谢侠逊从南洋回国，到了当时的陪都重庆，后又来到成都，经李铁樵先生介绍，贾和谢约定，为成都蜀华中学对弈 20 局，以交流棋艺，由崔复作棋证。当弈完 17 局后，谢曾提议改为共弈 30 局，以利于今后单独印一本专集，贾亦表示同意，但后来谢因事离开成都，弈赛之事无形告一段落。于是棋人们就关心起已弈的 17 局情况来。一段时间来，谢侠逊未提及谁胜谁负；贾题韬也未公开向外界披露过胜负之数，只是到逼迫不过的情况下，透露"小胜"两字。更为使人钦佩的是，这 17 局，贾是有记录的，但被谢索去，后来未见在《象棋谱大全》之类的棋书中刊出。贾氏就向谢索回，但没有得到，就这样，这 17 局宝贵的棋艺珍品竟于世间消失。不过，我们从中可看出贾题韬的高洁棋品来。

贾题韬的高尚棋品，还反映在他撰写棋书时，基本上未举自己的对子棋作例局。我们从《象棋指归》、《象棋论坛》等书所举例局来看，凡对子棋的例局，他全部用其他名手的棋局，这一方面可以宣传别人，保留他们的作品，另一方面是对自己的苛严要求，因为若举了自己的胜局，难免有抑人扬己之嫌。

贾题韬的好棋品，还表现在弈棋之外的人品上。据《刘剑青师徒弈海情深》载：贾题韬当时在成都的竹园弈棋，有个名叫刘剑青的小孩常站在棋旁观看，贾题韬觉得此子可教，遂主动邀刘剑青到自己家里去学棋。刘剑青起初不愿去，为了打消他的顾虑，贾题韬说：我不收学费的。更为奇特的是，他不仅教刘剑青下棋，还教刘读《孟子》。有一次贾题韬需要暂时离开成都，在一本《孟子》上题了这样几句话："人当立志，无志则不成其为人矣！然志者，非志于名，志于利，乃志于为人，无亏于父母、家国、社会也。汝年少，尚不知事，特示此，期事事着力。所讲《孟子》，务熟读深思，写字读书，日有定课，以其余力志于象棋，暇则闭目存养，令精神勿外驰。其余大端，他日再及，此留剑青念之。"从这段话，我们可看出贾题韬课徒既重棋艺更重于人品。

高超棋艺，隐约可见

贾题韬把弈棋作为一种艺术境界，而不是把比赛的胜负作为主要目标。尽管他大部分弈棋经历在成都，很少见到他弈棋业绩的介绍，但我们还是隐约可见他的高超棋艺。这一点主要表现在以下一些方面：

一、偶一出手，艺惊四座。由于贾题韬有不愿宣扬自己的内在品质，因此，其棋艺作品公开流传的甚少，特别是他在棋艺高峰时期的棋艺作品更少见。这当然和旧中国时很少举行棋赛及他不大愿意在比赛中争胜有关。除了在四川的一些对局及胜负外，1956 年全国赛前夕，他因公出差，恰在北京，留有一些胜负数字：在天然轩，他胜过宋景岱、孙登魁、曹德纯等名手，惊动了全国象棋锦标赛裁判组。从棋艺水平来说，许多人认为胜者可能是贾题韬，但名字——他自报贾玄非及工作地点——西藏，又对不上号，为了试探贾玄非是否贾题韬，张雄飞想出了一个办法。据《先农坛巧会佳宾》载：次日在天然轩茶社前贴出"贾题韬速来赛场一谈"的字条以试探怪客，贾题韬看到字条后即去了赛场。原来他当时已调西藏宗教界工作，此次来北京开会。贾题韬还被临时邀请担任裁判工作。

二、对弈名手，能让二先。四川是个大省，亦是西南地区的中心，弈棋人口相应也多些，只因限于地理条件，和外界的交流相对少些。但整个棋艺水平仍足可和江、浙、粤、冀、黑、沪、京、津等省市媲美。当时四川棋坛有"五虎"之说，贾题韬迁川后，和"第一虎"高佛泉对局可让二先，和另外的"虎将"唐晋尧、陈德元等也让二先才互有胜负。值得一提的是，有的棋手为了抬高自己，硬要让人家长先或二先；又有些棋手为了赢得彩金，偏要人家让二先，贾题韬与他们绝不相同。他能够让四川的一流棋手二先，就可验证出他的棋艺水平了。

三、分析精妙，令人叫绝。他的撰述，已见到的有《象棋指归》《象棋论坛》等，评析联系线、路、增强棋势。保持和转换先手等，分析精辟，还举出演变的着法，以利印证，体现了很高的艺术境界。对于当头炮对屏风马、对兵局等大路开局，对于列手炮、巡河炮对当头炮等当时不多见的开局，都举了例证，使全书 15 种 101 局开局法，都有了例局。分析演绎的着法，细致缜密，令人叫绝，是不可多得的好书。

著书立说，惠泽后人

贾题韬写过《象棋指归》《象棋论坛》《象棋残局新论》三种书，虽都很"薄"，但蕴理却甚深厚。

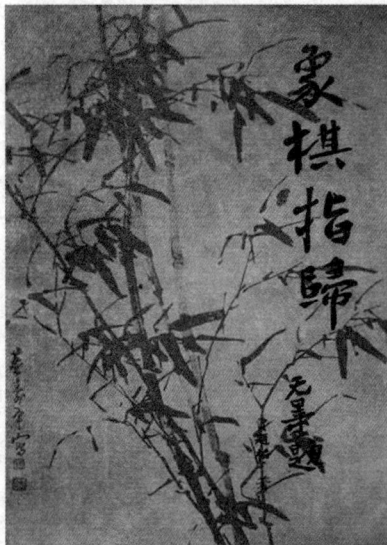

《象棋指归》封面

一、关于象棋起源问题，他的论述合情合理，颇有见地。他在《象棋指归》的《序》中说：象棋的象，并非指走兽的象，而是模拟战斗形态的象，这个"象"是类似之意。又认为象棋起源于春秋战国。从棋盘有河界，表明当时的政治、经济、军事中心大体在黄河流域。在棋子方面，有司内的士、相（象），有担任进攻的车、马、炮、兵四类，其中车的力量最强大，表明当时以车战为主要的手段，是吻合春秋战国时代的。这里再补充一句，当时军队最基础的组织是"伍"，也合乎春秋战国的时代特征。

贾题韬的论述，不凭空，不仅及一点，而是从历史上政治、军事和经济方面来研究它的起源问题，是一种学者的态度。

二、重视"势"和"路"的研究，这是贾题韬对棋理的独特认识。贾题韬认为象棋既然是模拟艺术，就必须看到两国交战的胜负基础在于"综合国力"。所以他在《象棋指归》中十分注意到"势"的研究及从属于"势"的"路"的阐述。他在《视察战场——棋盘》这一小节中引了孙子的话："夫地形也，兵之助也。料敌制胜，计险厄远近，上将之道也。乔此而用，战者必胜；不知此而用，战者必败。"对棋盘上的纵线分为主力线（四、五、六路），侧翼线（二、三及七、八路），迂回线（一路和九路）；横线分后卫、生命、布置、前卫、前哨五线，还用"表一"的形式讲了这些线路的要略。对于两线交叉的"点"，更以"表二"的形式讲了要略。对于棋子——即每个军种的攻防要略，也作了阐述，如炮不宜轻发，"轻发则无力"；马宜置于可据之地，"为守兵之用"等。对于局势——阵形研究，更是结合各种布局法再参照"名局评解"来阐述。所以，贾先生是重视于棋的基础来讲的，和一般棋艺书籍偏重于具体战术不同。

贾题韬一生好弈，除了棋艺创作和理论著述外，还积极参加其他棋事工作。他担任过四川、西藏佛教协会等领导工作，是一位德高望重的仁厚长者，是棋界的一位楷模。

"魔叔" 杨官璘

杨官璘（1925—2008），广东东莞人。他是新中国第一个象棋冠军，第一批"中国象棋特级大师"获得者。杨官璘三岁识谱，六岁通弈，十岁乡下称王。在长达半个多世纪的弈林生涯中，他饮马香江，鏖战上海滩，挥师中原，问鼎京城，以其无敌手一统弈林，赢得了"混世魔王"、"魔叔"、"象棋魔术师"、"棋坛巨匠"、"棋坛宗师"等各种称谓，铸就了中国象棋史上的一个高峰，开创了一个"杨官璘时代"。

东莞称王，问鼎中原

杨官璘是一个小商人之子，自幼就喜欢下棋，常和乡人对弈，知名乡里，少年时致力于古谱研究。年纪很轻，就获得了"东莞棋王"的称号。可是，东莞棋风虽盛，到底缺乏一流好手，那时他自己也不知道，若拿全国性的象棋水平做标准，他自己能达到什么境界。

正是因此，他不满足于只作一个县份的棋王，于是兴起了"问鼎中原"之念，像古代传说中的武师，技成之后就背起黄包袱游学四方，江湖

杨官璘

较技，以求精益求精。他背的"黄包袱"是楸枰三十二子，他的第一个目的地是广州。

广州在当时是全国象棋水准最高的城市，其中藏龙卧虎，能者颇多。他初出茅庐，自然还未能登峰造极，因此和名手对弈，初期还是负多胜少。但广州的棋坛老将，"华南四大天王"中硕果仅存的卢辉，已经看出了他的天才，当时就对人说："杨君的棋艺，现在虽逊于我，但将来一定超越老夫。"

击败卢辉，奠定基础

1950 年，香港举办港、穗，澳三角象棋赛，那时杨官璘的棋艺虽已有了提高，但和第一流名手的功力，距离尚远，在象棋圈里，也还没有什么声名。他感到天才必须辅以学力，无师必须觅师，他所觅的"师"乃是千百年来流传下来的棋谱。他在香港这段期间，曾闭门修炼，排拆古今名谱，研究高手对局，终于豁然贯通，而且修正了不少古谱的错误。这时他功力大进，已跻进一流之列了。就在那年，香港的象棋会举办了一次会员赛，他击败卢辉的高足李志海而获得了冠军，名声大震，此后经常与卢辉、董文渊在一起切磋棋艺，研究古谱、残局，功力精深，从而为后来驰骋棋坛、南征北战打下了坚实基础。

可是他在香港那段期间，却又是最郁郁不得志的时期。他的好友王兰友曾叙述他那段时期的生活道："在香港靠象棋吃饭实在不易，他没有圆滑的交际本领，又没有那些有钱有闲的人在后面捧场，尽管他棋下得好，但找口饭吃，有时也成问题。于是他穷了，三番五次的，想在修顿球场摆棋摊来找生活。"在香港修顿球场的棋摊，那是失意的职业棋人的"出路"，做的是五角一元的"生意"，有时还要喝西北风。生活是够悲惨的。幸好，他的天才不该被这样埋没，朋友们告诉他在大陆艺人受到优待的事实，告诉他凡有一技之长都有发展的事实，于是他辞别了香港，1951 年回到广州。

所向无敌，震惊棋坛

回到广州后不久就参加了在上海举行的华东华南区际赛，荣获冠军。第二年和华南另一名手陈松顺联袂北上，与上海、汉口、北京各地名手较量，从未输过一局，震惊了整个棋坛。棋坛好手都认为他的棋艺，超妙稳健，两俱有之，已熔"南黄北周"（黄松轩与周德裕）于一炉，而且有凌驾之势。

杨官璘登上国手的宝座，这不是容易的，大陆的高手很多，每人都有看家本领，要保持不败纪录，那非但要有自己独到的心得，而且得通晓各家各派之长。有如唐代的玄奘大师，在印度那烂陀寺讲经论道，折服全印高僧，非但要精通大乘佛法，而且得熟习七十二派小乘诸宗一样。

杨官璘的辉煌战史，纸不胜书，这里只举出他几次重要的战役，从中可看到他的惊人技艺。

三败陈松顺。陈松顺是华南"棋怪"钟珍的首徒，钟珍的棋阴险毒辣是出了名的。当年"华南四大天王"之首的黄松轩以中炮夹马、大刀阔斧的攻势见长，但一对钟珍，却毫无办法（据说新式象棋开局法中，屏风马对当头炮的炮二进一抵御攻方过河车的着法，便是钟珍首创的）。陈松顺青出于蓝而胜于蓝，深沉善变，尽得师门心法，而绵密精炼更胜乃师。陈在抗战期间，走遍湘、桂、黔、滇，未逢敌手，又曾参加穗、港、澳埠际赛，获个人长胜将军。解放后，远游上海、南京，亦所至告捷。当时杨官璘也正是北征载誉归来，于是在1953年夏，两雄相遇，在广州岭南文物宫举行十局大赛，赛程经过，非常紧凑，结果杨官璘胜四负三和三，多胜一局。1954年与1955年，杨陈又分别在广州、上海作十局大赛，结果也是杨官璘获胜。

击败董文渊与何顺安。董文渊饮誉棋坛二十余年，未满二十岁，即击败当时的国手"七省棋王"周德裕，震撼棋坛。杨官璘初到香港时，也曾败给董文渊一局。但自1952年杨成名之后，杨董先后比赛数十局，都是杨官璘获胜。尤其在武汉之战，杨更是大捷，在八局对赛中，董仅胜一局。何顺安是华东一流高手，成名在董文渊之后，但攻杀凌厉，却在董上。他曾先后打败陈松顺、李义庭、朱剑秋等高手，于是在上海和杨官璘作十局大赛，结果杨五胜五和，又以压倒之势大胜。

七雄中夺鼎。广州是全国象棋高手最多的城市，当时举办"七雄夺鼎赛"。七雄是：杨官璘、陈松顺、卢辉、袁天成、覃剑秋、朱德源、陈鸿钧，都是棋坛上顶尖儿的人物。结果杨官璘雄据擂台，任由六雄轮流攻打，又保持了不败的纪录，夺得银鼎。

战胜李义庭。李义庭是当时最突出的棋手，在上海棋坛出现时，年方 16 岁，就击败朱剑秋、侯玉山，迫和陈松顺、董文渊、何顺安等名手，当时杨官璘和他对弈四局，也是比对成和。他到广州比赛，又击败陈松顺，声名更著，有"棋坛慧星"之称。但最后碰到杨官璘，却以四和二负见败。其后几次公私对弈，也是杨官璘占胜。杨官璘初遇李义庭时，大抵因摸不住对方家数，才被对方战成平手。其后，杨官璘每战都采紧密缠打的对杀战略，李义庭欠缺经验，走对攻局就不是杨官璘的对手了。

除此之外，其他名手如谢侠逊、窦国柱、林奕仙、罗天扬、朱剑秋（与周德裕、董文渊并称"扬州三剑客"）等，也都先后败在杨官璘之手。

1956 年，杨官璘登上首届全国象棋赛的冠军宝座，成为第一位全国冠军。第二年蝉联冠军。1959 年获得第一届全运会象棋赛（暨第四届全国象棋赛）冠军。1962 年与胡荣华并列第六届全国象棋赛冠军。

杨官璘人称"混世魔王"，后辈尊称为"魔叔"，是因为他布局精致，棋风诡异，水滴石穿的残局功夫已达炉火纯青之境界。

献身象棋，功盖千秋

就中国象棋的发展史而言，民国时期一直到 1960 年是一个迅速发展的时期，也是由古典到现代的转型时期，杨官璘则是这一个时期的典型代表，是旧时代成就的集大成者，对橘中秘梅花谱留下的历史底蕴和民国时期与各路高手争雄习来的新棋路都有较全面的体现，中残局功力深厚，对布局的研究也初具规模。而 1960 年 15 岁的胡荣华首夺全国冠军，标志着一个承前启后的转折和新时期的开始，布局

杨官璘在"杨官璘杯"象棋赛上

研究成为中国象棋的主旋律，有许多研究成果并上升到理论高度。

杨官磷不但实战的成绩极其辉煌，而且对弈艺的阐扬，也有很大贡献。例如在布局法上创新式五六炮开局法，独成一家；对古谱拆法的错误，如五七炮弃车局、当头炮弃马陷车局等，都有所纠正，详列著法，真可说是"探古人未载之秘，穷古人未得之源"。

杨官璘以其内向的性格，执着的进取，呕心沥血，数十年如一日地在棋坪上勤奋耕耘，不断攀登，他足踏南洋，汗洒海外，棋友如云。为把中国象棋推向世界作出了很大贡献。正由于他在国际、国内象棋比赛中的优异成绩和对象棋界的杰出贡献，他在1999年被评为"新中国棋坛十大杰出人物之一"。

有一首诗这样赞誉杨官璘：

别人说你的棋之所以炉火纯青，
是因为你有了先天才智；
你却说："我并不聪明，靠的是笨功夫……"
从你身上我终于感悟：
为什么穿山甲能洞穿横亘的山，
是因为它奋斗不止……
在你看来，
每一个棋盘都是广袤的大地充满生机，
每一根线条都是滔滔的江河奔腾不息，
每一个格子都是春天的田野生长希冀，
每一个位置都是不灭的灯塔点燃智慧。

缔造 "十连霸" 传奇的胡荣华

胡荣华，1945年生于上海，他是中国象棋界的大宗师，当代象棋学派的主要奠基人，20世纪最杰出的象棋手之一。1960年至1979年连续十次蝉联全国象棋个人赛冠军，在20年间缔造了"十连霸"的传奇。1983 年、1985 年、1997 年、2000 年、2006 年又先后五次夺得全国个人赛冠军。15 次获得全国个人赛冠军。连续 6 届亚洲杯赛团体冠军中国队主力队员。1982 年国家体委授予其中国象棋特级大师称号，1988 年被亚州象棋联合会授予中国象棋特级国际大师称号。

胡荣华棋艺造诣极深并数十年保持良好的竞技状态，从 20 世纪 60 年代至今，胡荣华始终是中国棋坛的一颗耀眼明星。他在 15 岁成为全国象棋冠军，至 55 岁还会登上全国冠军宝座，成为史无前例的最年轻冠军和最年长冠军，称雄棋坛半世纪，被冠以"不老松"、"常青树"、"不死鸟"、"奇迹创造者"、"胡司令"等称号。

小小年纪，一鸣惊人

1956 年春天的一个傍晚，上海顺昌路复兴路口弄堂的棋摊上，有位老汉和一位青年在进行角逐。老汉感到形势不利，苦苦思索久未落子。这时，来了位小学生，一个吉安路小学的象棋冠军。他挤到棋盘前，被老汉认出，便寻他帮忙支招。小学生随即拿起黑车一平四吃士叫将。对手只得七退六，跳马吃掉那只车。一车换一士，旁观者议论纷纷。哪知他又将另一只车占据帅位，对手喜形于色，随即把帅四进一吃掉车。小学生笑笑，立即把黑马一跳，卧槽叫将，老帅只得避开马口。

他又把一直呆在黑阵角里的黑炮一进八。马后炮，惊天动地。对手见棋大惊失色，两眼发直，看着那小学生，那便是胡荣华。

傅鄂定、徐大庆是上海市搞棋艺活动的热心人，两人一心提携胡荣华，便把现代著名棋手的实践对局拿给他看。胡荣华爱不释手，废寝忘食。

功夫不负有心人。胡荣华在 1957 年上海市少年棋类锦标赛中所向无敌，取得十五连胜并最终夺冠，

胡荣华

一鸣惊人。不久后，胡荣华如愿入选上海棋社。

棋社训练比赛，无论年龄大小，水平高低必须一视同仁。于是，何顺安、徐天利、陈奇和胡荣华人构成了老中青。四人组合，是队友也是对手。胡荣华那时的棋风很有冲劲，不落俗套。但这几位对手不同于业余棋手。何顺安、徐天利可让胡荣华二先，陈奇也可让他一先。胡荣华尽管在对局中大胆泼辣，但最终总是失败。俗话说，棋高一手，束手束脚。但胡荣华想，自己难道就打不破这个规律吗？自己以往比赛都是常胜将军，但进了集训队竟会如此没面子，原因究竟在哪里？胡荣华开始如饥似渴地研究《梅花谱》、《韬略元机》等古谱。白天参加训练比赛，晚上自己精心研究，星期天也不回家。果真，胡荣华通过研究棋谱大受启发，并学会许多曲折多变的棋路，如"乌龙摆尾"、"四卒攻心"、"七擒七纵"等。同时，他还研究出七八种变化。从此，他每走一步棋不再只顾一种应法，而是考虑再三，多路权衡。

转眼到了1960年春天，上海市在全国运动会之前举行市象棋赛，因为具有选拔赛的性质，所以上海市所有象棋高手无论年龄，大多参加。何顺安当时是全国名手，上海市第一高手，从预赛到决赛未输一场，却在最后一局输给了年纪轻轻的胡荣华，引起全场轰动，爆出冷门。裁判员统计决赛名次，何顺安只输一盘，名列第一，胡荣华一负一和，名列第二。

15岁夺冠，无人打破

1960年10月，在北京举行了首届全运会，其中就有中国象棋、围棋、国际象棋三项，而那时仅有15岁的胡荣华就被选为上海市的主力队员。团体赛，何顺安打第一台，胡荣华打第二台，另一位老将朱剑秋坐镇第三台。当胡荣华出现在工人文化宫的比赛大厅时，竟引起了记者观众的一阵惊叹之声，毕竟，一位少先队员参加成年组的比赛还是史无前例。胡荣华不负众望，在第二台保持全胜，名列第一，备受关注。

进入个人赛后，胡荣华果然连续打败了李义庭、刘忆慈等高手，在第三轮就碰上当时的全国冠军，棋界有口皆碑的"杨无敌"杨官璘。赛前猜先，杨官璘执红先走，这在别人看来对胡荣华十分不利。但胡荣华不以为然，他不考虑胜负，只是一心要将这盘棋下成名局。果真在中局，胡荣华下出一个舍炮制胜的妙招，使杨官璘毫无对策，只得认输。而胡荣华也得以在 15 岁登上全国冠军宝座。而这一局也被棋界公认为高水平的名局，并传流至今。

当日，为胡荣华颁奖的是当时的副总理陈毅，他微笑着对胡荣华说："你小小年纪就成为全国冠军，可谓英雄出少年啊！"从此，中国象棋界进入胡荣华时代。

脑中"兵工厂"，创造新武器

胡荣华登上全国冠军宝座后，更是一发而不可收，他平日潜心阅读各种象棋著作，从南宋直至现代，无所不涉，如《事林广记》《梦入神机》等。他还研究国际象棋的"开局法"和"防御法"，并将其原理运用于中国象棋中。在胡荣华脑子里经常印着一张无形的棋盘，并始终有棋子在上面演绎着不同的对决。胡荣华的队友曾说："胡荣华脑子里就像有一座兵工厂，存着好多新式武器。"

在胡荣华创造新式武器的同时，其排兵布局方面的理论也达到前所未有的高度，尤其是对一些尖端课题，如子力的协调，出子的速度，势态的优美，各种兵力的最佳配合及效率的发挥，空间开拓等等，因此，他也被誉为中国象棋艺术的革新家。

年轻的胡荣华在获得全国冠军之后，各路棋手都将他当作了首要目标，其中便有前三届的老冠军杨官璘。他细心研究胡荣华的棋路特点，而从胡荣华那"兵工厂"里生产出来的奇招新技，总能使对手防不胜防。直至 1966 年，胡荣华奇迹般地蝉联五届全国冠军，他也从昔日的少先队员成长为 21 岁的青年冠军。然而就在他期盼着向棋坛更高峰攀登时，一场文化大革命浪潮席卷全国，他和大多数棋手一起被下放劳动。

不看棋盘，一敌十四

劳动期间，没有棋盘，更没有棋，于是胡荣华就在每天劳动的间隙合眼静坐，闭目想棋，演练古谱，假设对手，横车跃马，飞象挺兵，好不热闹。日复一日，其间的乐趣只有胡荣华自己知道。一日，一位老农见到胡荣华静坐在椅子上，纹丝不动便甚是好奇，问他是不是生病了，胡荣华这才道出由来。老农听罢，喜形于色，认为这是为大家排解压力，缓解气氛的良好方法，便请来了村里喜爱下棋的 14 位高手，傍晚在村边的打谷场摆下 14 盘棋，欲群战胡荣华。

胡荣华更是毫无惧色，背对棋盘提出要求："我不看棋盘，只和你们下盲棋，你们只要把自己走的路数准确地告诉我就行了，从一号台开始，依次下来。"

不看棋盘，一敌十四，乡里乡亲把这当为一大奇事，瞬时间把打谷场挤得水泄不通，每个棋盘前也都围满了支招的男女老少。两个小时，瞬间即逝，胡荣华自始至终未看一眼棋盘，却取得了 12 胜 2 平的战绩，百姓得知，掌声不断，愕说胡荣华有特异功能。

"仇人"相见，败走麦城

1972 年随着邓小平同志批示恢复各项棋类活动，胡荣华得以回到让自己魂牵梦绕的象棋赛场上，并继续以主力身份代表上海队出战，蝉联第六届至第九届，四届全运会冠军，加之以往战绩，胡荣华在 34 岁就完成了十连冠伟业。

1980 年全国棋类比赛在四川乐山举行。在与大部分选手共同乘轮渡去乐山的途中，已经 35 岁的胡荣华遇见了聂卫平。一个是中国围棋界的"四连冠"，另一个则是中国象棋界的"十连冠"，两位棋王一见如故。其他棋手见了，便打趣地问："两位棋王此行还能继续保持连胜吗？"聂卫平表示乐观，胡荣华也同样信心满怀，毕竟从 15 岁下到现在，胡荣华确实算得上一帆风顺了。

然而，十连冠还有另外一种信号，那便是胡荣华已经成为全国象棋高手在棋盘上的共同敌人。湖南湘潭甚至出版了一本《胡荣华全集》，其中收录了他 20 年来所有的

胡荣华在弈棋中

实战对局和理论、妙计。

在乐山，胡荣华首战便碰上了 20 年前的全国冠军杨官璘。对于杨官璘而言，胡荣华是结束他冠军之路的人，此役对局，意义非凡。胡荣华执红打出"飞象局"，那是他妙局中变化多端的一个，对此了然于心的杨官璘谨小慎微，固守阵地。耐不住寂寞的胡荣华大打出手，哪知竟然鬼使神差地挪错了棋，举兵前行一步，铸成大错，最终败于杨官璘。从第二轮对阵柳大华开始，胡荣华又一连经历了三场和棋。

四战一负三和，胡荣华基本失去卫冕机会，最终积分仅列第十，而聂卫平也遭遇两连败，连前 6 都没打进。两位棋王面对败局相视而笑。所谓兵败如山倒，胡聂二人在乐山的惨败，被列入 1980 年中国体坛的十大新闻。后来有记者问胡荣华所败为何。胡荣华说："其实没有人做得了真正的常胜将军，却没料到自己会在这里名落孙山。但是，败就败了，它能使人更清醒，我想冠军我还会夺回来的。"

东山再起，重夺桂冠

从乐山回到上海，面对说自己骄傲自满，疏于备战的舆论，胡荣华选择沉默。数日来闭门谢客，并推掉所有比赛，一个人在上海棋社中，面前摊开全国各路高手的实战对局，细心研究。后来，听旁观者讲，胡荣华经常看罢棋谱或对局后静坐在棋盘前闭目不动，大家都以为他在睡觉，其实是汲取众家之长。通过对其他对手的研究，胡荣华受益匪浅，并开始针对问题重新制定作战计划和棋路，卧薪尝胆。

不出所料，在 1983 年 11 月于昆明举行的全国棋类大赛上，胡荣华以崭新的棋路和强大如故的实力鏖战群雄，并最终重夺桂冠。那一年，胡荣华 38 岁，此前中国棋史上还从未有过如此年龄的全国冠军。

赛后胡荣华说："对于一个真正的高水平棋手而言，目的不是胜负，而是在实践中不断研究棋道，并努力下出高水平棋局，为后人带来启示。"那年，国家特别授予他国家体育运动荣誉奖章。

神话："唯一"和"之最"

东山再起后的胡荣华依然威风不减，在每年的重大比赛中立于不败之地，先后在棋王赛、名人赛、三楚杯、亚洲杯、上海杯上折桂。他更是于 1996 年 52 岁时战胜诸多著名的年轻棋王，一举获得有超霸杯之称的"五羊杯"，紧接着又在 1997 年的八运会上再次成为全国冠军，震惊全国。

2000 年 11 月在蚌埠举行的全国象棋个人赛被誉为是中国 20 世纪最后一届全国象棋赛，全国所有高手也都为了争夺世纪末最后一个全国冠军齐集蚌埠，然而，夺冠的依然是 55 岁的胡荣华！

从 15 岁成为中国象棋第一人到 55 岁取下世纪末桂冠，唯一的十连冠棋手，唯一的 14 届全国冠军，唯一称雄棋坛近半个世界的棋手，身兼年龄最小，年龄最大冠军两项纪录，那是胡荣华创下的奇迹般的中国"唯一"和"之最"。然而，那并不是胡荣华留给后人的唯一财富。

回首自己四十几年的棋坛风雨，胡荣华总结出四点精髓：其一，人要学会如何从胜利走向胜利，更要学会如何从失败走向胜利；其二，人的天赋不是决定因素，勤学苦练才能成就最后的成功；其三，一个棋手的自然年龄不能逆转，但心理年龄却可以永保青春；其四，对于一个棋手而言，创新是其永保胜利的根本所在。

胡荣华，1945 年生于上海，象棋特级大师，中国象棋界的宗师级人物，15 次获得全国个人赛冠军。1960 年至 1979 连续十次蝉联全国象棋个人赛冠军，在 20 年间缔造了"十连霸"的伟业。1982 年国家体委授予其中国象棋特级大师称号，并授予体育运动荣誉奖章。1988 年被亚州象棋联合会授予中国象棋特级国际大师称号。胡荣华棋艺造诣极深并长年保持良好的竞技状态，被誉为棋坛"常青树"，有棋坛"不死鸟"之美称。

胡荣华 15 岁时首次参加全国赛即夺得冠军，1960 年在杭州五省市邀请赛中获得冠军，跻身于全国一流棋手之列。同年代表上海首次参加全国大赛，夺得全国团体、个人两项冠军，创造了"自古英雄出少年"的棋坛传奇。胡荣华是中国象棋界的一代宗师，当代象棋学派的主要奠基人，20 世纪最杰出的象棋手之一。胡荣华称雄棋坛四十余年，至 2000 年底保持着四个第一：15 岁成为最小的全国冠军，唯一成为十连霸的棋手，唯一获得 15 次全国个人冠军的棋手，唯一称雄棋坛四十余年的棋手。

在中国象棋史上，1960 年 15 岁的胡荣华首夺全国冠军，标志着一个承前启后的转折和新时期开始，胡荣华对于布局的探索思考打破了以往中炮屏风马为主流其余则是偏局的见解；对反宫马、飞相局等布局赋予新生；带动布局研究成为中国象棋的主旋律；80年代开始更是开启了百家争鸣的新时代；许多研究成果上升到理论高度。从古代到民国到1960年，老一辈的杨官璘是典型代表，是旧时代成就的集大成者；从1960年尤其是80年代以后，胡荣华则是新时代的开山鼻祖和奠基人。而延续近30年的胡杨争霸，则成为中国象棋史上一段为人津津乐道的精彩故事。

"东方电脑" 柳大华

柳大华，1950年生于湖北省武汉市黄陂区。1980年从胡荣华手中夺过了全国象棋冠军，终结了胡荣华"十连霸"的传奇，改写了中国象棋史。1981年蝉联全国冠军，后来两次获"五羊杯"冠军，1988年获"七星杯"国际邀请赛冠军，是第一、二、五、八、九届亚洲杯团体冠军中国队主力队员，获得1991年、1993年、1997年三届"银荔杯"冠军。1995年在北京创下了1对19人的盲棋最高纪录，有"东方电脑"的美誉。2006年8月4日，柳大华在成都和108人同时对弈，历时7时30分，获得了69胜30和9负的佳绩，成功破掉了101盘的原吉尼斯世界纪录。2010年6月12日，第二届"句容茅山杯"全国象棋冠军邀请赛冠军，他成为继胡荣华之后，我国第二位年迈六十仍称霸全国重大个人比赛的棋手，创造了又一个奇迹。

上街下棋，自学成才

柳大华大概是一流国手中唯一没拜过老师的自学成才者，如果非要给他安个老师的话，这个老师就是他的大哥柳大中。

柳大华自幼家贫，8岁丧父，与两个哥哥一个妹妹在妈妈的拉扯下艰辛成长。大哥柳大中长他5岁，在弟妹中颇有长者之风。当时，大哥正上高中，上学时总路过一个棋摊儿，在摊上看会下棋，觉得有意思，就买了一本棋书，在家里一边看一边摆。柳大华和二哥柳大昌觉得好玩儿，就也跟着摆，一来二去，就喜欢上了。

柳大中喜欢棋，但基本上不上街下棋，只是一个人在家琢磨。后来，他在其所在的武汉市桥口区参加比赛拿到亚军时，许多经常下棋的人都相互打听：这个学生是谁，哪来的？柳大中"闭门造车下象棋"一时成为棋迷的美谈。

柳大华与大哥不同，迷上棋之后，他一是看棋谱，二是上街下棋。柳大华说："1959年，我9岁，会下棋后，就经常到棋摊上下。那时候，路边有

柳大华

一个人，我们叫他老板，他一个人摆10副棋，提供板凳和棋具，他张罗、撮合人们下棋，结束的时候，输的人付两分钱给他，赢的人不付钱。如果我赢5盘，你赢1盘，比较悬殊，你交两分，没什么说的；也有时我赢4盘，你赢3盘，我让你交，你让我交，因而产生纠纷，当然，这是个别的，一般不会产生矛盾。"

母爱的关爱，力量的源泉

柳大华发愤攻棋，吃常人所不能吃之苦。柳妈妈是一位勤劳贤慧的母亲，尽管生活的重担压得她几乎喘不过气来，但对孩子们下棋一直很支持。

开始，柳妈妈对下棋缺少认识，认为那只是玩玩，甚至担心孩子们学坏了。可她发现弟兄三个学棋后，在家抢活干，在校都是优秀生，而且懂得孝道。

一天晚上，柳大华跟两个哥哥去文化宫参加象棋表演赛，主办单位给每人发一包点心，三人谁也不舍得吃，原封不动地拿回家交给妈妈说："妈，您吃吧，这是我们下棋挣的点心。"妈妈从每个包里拿了一块，放在嘴里慢慢嚼着，她似乎从来没吃过这么香甜的点心。做妈妈

的，还有什么比得到儿女的孝敬更香甜的呢？可她看到孩子们身上破衣服时，不觉一阵心酸，泪水夺眶而出。她对儿子们说道："就是不吃不喝，我也得给你们做身体面的衣服。"

后来，柳妈妈节省下 30 元钱，买了几米蓝灯芯绒布料，给每人做了一件制服。每当外出表演，三人一色蓝灯芯绒制服。由于他们棋下得好，特别引人注目，人们就这样赞扬："蓝灯芯绒弟兄，棋下得好厉害！"在柳妈妈的关爱中，柳氏兄弟逐渐成为当地棋坛的名人。

棋盘无处摆，就在脑中下

那时候，与中国绝大多数家庭一样，柳大华家住房条件比较差，家里就能摆下一张桌子，兄弟几个都念书，放学都要做作业，棋盘没地方摆，怎么办？柳大华想，要想长棋，必须打棋谱，没条件打棋谱，那就只能看棋谱了。从那时起，他就天天看棋谱，开始看 8 步，脑子里有图像之后，就背，9 步记不住了，或者模糊了，就从头来……看了背，背了看，反反复复，慢慢地，他养成了看棋谱、背棋谱的习惯，背的步数也越来越多，从那时起，他 10 年没用棋盘，他把这种方法命名为"无棋训练法"。

这种方法有两个好处，一是可以利用一切零散时间学棋，二是比"有棋训练"效率高：下过棋的人都知道，对弈时变化非常多，每个分支都能演化出许多步，如果在棋盘上摆起来很慢，而在脑子里闪过就便捷得多。

柳大华上中学时，从家到学校有两公里远。为把路上的时间利用起来，他每天上学前都在家里看好一个棋局，在路上开始解，路上解不完，上课接着解。就这样，他每天必带一个问题上学，放学时解出来，直到中学毕业，从未间断过。

那时候，柳大华脑子里装的都是棋。上课时，他把棋谱放在课本下面看，被老师发现后，管过几次，后来，看他不影响别人，就不管他了。

老师不管还有一个原因，那就是他的学习成绩好，考试在班里总是名列前茅。柳大华小学时成绩就好，为此他跳过一级，从三年级直接上了五年级。

1963 年，柳大华获得湖北省少年象棋赛冠军。同年参加中南地区少年象棋赛获亚军，冠军得主为大柳三岁的广东专业棋手李广流。

从锅炉工到专业棋手

1968 年 12 月 28 日，柳大华到离家 110 公里之外的孝感地区插队，1975 年 10 月 30 日返城。关于这 7 年插队生活，柳大华说："我当时只带了一只箱子，里面没什么衣服，全是棋谱，有些是原来看过的，就重新再看。我们那个村子有 12 个同学，他们知道我迷象棋，对我挺照顾的，我出点力，干点重活，像挑水什么的，干完就不管了，饭都是他们做。就这样，我除了每天出工挣工分外，一回来就看棋谱……"

这期间，柳大华两三个月回一趟武汉，在武汉待半个多月，他每天都出去找人下棋，把看书所得运用到实战中去。

插队结束之后，柳大华被分配到武汉一家橡胶厂工作，在厂里烧锅炉。

柳大华于 1974 年开始参加全国比赛，1978 年获全国个人赛季军。同年调到湖北省体委，开始了专业棋手生涯。

关于柳大华成为专业棋手有这样一桩美谈：柳大华说："正是靠我的记忆能力，才有幸从农村插队、烧锅炉，成为专业棋手。"那是 20 世纪 70 年代末，柳大华尽管已是湖北省冠军，但由于专业队进人限制，还只能在农村插队。一次省体工队党委书记林浩和训练科颜科长邀柳大华，测试他的记忆真功。林书记翻开一本棋书，念了一段着法后，问"这是哪次比赛的对局"，柳大华马上答道："这是 1960 年全国象棋比赛胡荣华胜孟立国的一局棋。"颜科长翻开另一本书，又念出一段着法，柳大华迅速报出这是 1966 年全国象棋赛李义庭胜广东陈柏祥的对局，颜科长共翻出 10 本书中 10 盘棋来考大华，大华均精确回答了出处。"主考官"心悦诚服，柳大华不久就成为专业棋手。

终结胡荣华"十连霸"传奇

在柳大华的象棋世界里，有 1 对 19 的盲棋壮举，有包括两次全国个人赛冠军在内的一系列头衔，他个人最看重的，是 1980 年将当时正如日中天的胡荣华推下神坛。

柳大华在弈棋中

柳大华说："其实在1979的全运会上，胡荣华就差一点丢了冠军。那一年由于我在前面的比赛中出现失误，夺冠已基本无望。我就一直在心里期盼，千万别被其他人抢了先，压过他争到冠军。好在最终胡荣华还是保住第一，我拿到第二。之后的1980年全国个人赛，我终于夺得冠军，终结了胡荣华的十连霸。"

1980年，在全国象棋个人锦标赛上，柳大华与缔造了"十连霸"传奇的"旷世棋王"胡荣华遭遇，此战柳大华夺冠，从而终止了胡荣华"十连霸"的传奇。对此，象棋界给予他极高的评价，称他"扭转了象棋的走向，改写了象棋的历史"。

1980年首度加冕棋王，1981年柳大华又成功蝉联。然而在此之后，他就与全国个人赛冠军缘悭一面。"征战棋坛这么多年，战绩也还算可以。但是只拿过两次个人赛冠军，夺冠次数在国内仅排第七，我心里一直不服这个气。"谈及棋坛生涯恨事，柳大华相当坦诚。

他表示，从技术上、记忆力上来讲，自己都不输于他人，关键是粗心、急躁的性格，导致多次在关键时刻出现低级失误，最终与冠军无缘。

不过，柳大华两次获"五羊杯"冠军，1988年获"七星杯"国际邀请赛冠军，1991年、1993年和1997年获得三届"银荔杯"象棋赛冠军；作为主力队员，为中国队夺得第一、二、五、八、九届"亚洲杯"象棋赛团体冠军。

创造世界纪录：1对19盲棋大战

1995年2月25日下午1时，在中国棋院比赛大厅，柳大华揭开了中国象棋史上值得大书特书的一页：1对19盲棋大战。

当时，来自北京各区的19名3－1级的象棋棋士端坐在各自的棋盘前，他们的身后摆着 19 张大挂盘；柳大华身着西装，背对棋手，面对观众，安稳而坐，面前的桌子上只有一支麦克风。19 盘棋，他全部先手，从 1 台至 19 台分别报出着法：炮二平六，相三进五，马二进三……一位裁判做主持人，从 1 台至 19 台挨台码子，挨台把对手的着法报给柳大华……

高锡昆和高京德是当年的两位参赛者。高锡昆当时是中日友好医院干部，曾在北京市象棋等级赛上获得冠军，1995 年时是二级棋士。他说，他是慕柳大华人品、棋艺而报名前去下棋的，那盘棋他与柳大华下和了，他对那盘棋记忆特别深，现在能一步不差地复盘。他说："下盲棋不是件容易的事，1 对 19 更是前所未有。在那天开始之前，以为柳大华的'漏儿'一定很多，弄不好得乱套，但人家下得确实好，好像那天他只出了一个'漏儿'：一个叫于京华的棋手白吃了柳大华一个马，但于京华最后还是输了……"对于自己那盘棋，高京德说："我那天被分在第 14 台，柳大华先手走的过宫炮。1 对 19，柳大华走一圈儿需要 20 分钟，我的那盘棋有记录，质量还挺高。"

国际裁判王孔兴是那次活动的裁判长，他说："在这次 1 对 19 之前，柳大华曾下过 1 对 10、对 12、对 17，都十分成功，这次 1 对 19 因为要创盲棋世界纪录，所以请了崇文区公证处的公证员，这次非常成功。本来，第二年还准备 1 对 20，但因种种原因没办成。柳大华确有超人之处——有的'特大'下三四盘都吃力，棋的质量也不高，柳大华不枉'东方电脑'之誉。"

对于那次比赛，柳大华自己说："我背对棋盘，面对观众，主持人报几台走什么步，我就通过麦克风报出应着……""我当时脑海里出现的就是棋盘，子在上面，19 盘棋就是 19 个频道，我的脑海里不断地进行'频道转换'，从 1 到 2，从 2 到 3……""蒙目棋最重要的一点是开局要记得清，对方布的什么阵，你应的什么阵，不能搞乱；要不断地回忆对方走的什么子，这一盘跟那一盘的区别是什么，这些理顺了，棋就好下了……"

这次的盲棋大战，柳大华 9 胜 8 和 2 负，后来作为"中国之最"载入史册，使他"东方电脑"的美名广为传扬。在中国，柳大华、胡荣华、徐天红和李来群并称盲棋"四大高手"，而柳大华被称为"四大盲棋之首"。

不服老：不断挑战高难度

2007 年 5 月 2 日下午 17：25 分，举世瞩目的 2007 年庆"五一"棋王柳大华 1 对 139 冲击世界纪录象棋表演赛，在文化凤城广东顺德大良钟楼公园露天广场圆满落幕。上午 9：30 分，大会主持人宣布比赛开始，经过近 8 个小时（中午 11 时半至 12 时休息半小时）的激战，棋王柳大华以 83 胜、47 和、9 负的优异成绩，打破了他自已 2005 年 9 月 26 日在湖北大学创下 1 对 120 的纪录，并创下中国象棋车轮战 1 对 139 新的世界纪录，为文化凤城广东顺德和全国棋迷献上了一台精美棋艺及精彩表演。

柳大华上演 1 对 35 人 6 盘棋的盲棋车轮战

参加本次 1 对 139 赛事的棋手之中，有专程从香港、深圳、广州、江门、中山、番禺、南海等地赶来的名人棋手和青少年棋手，有顺德各镇、街道的名人棋手和象棋爱好者，年龄最大的 76 岁、最小的 6 岁，得到了象棋界棋友棋迷们的广泛关注和大力支持。

这天灿烂阳光迎接着比赛盛世，57 岁的棋王柳大华精神抖擞地走进设在广场中央的室外休闲弧形走廊中，得到了现场棋迷的热烈欢迎和倾情观看。顺德大良街道办、中国棋协和顺德棋协、新闻媒介等领导，也前来观看、助阵和宣传。棋王柳大华鼓足了 24 分的干劲，全力以赴投入本次比赛之中，最终取得 83 胜、47 和、9 负的优异战绩。

2008 年 10 月 3 日首届世界智运会在中国举行，组委会请出已经 58 岁的"东方电脑"柳大华，向世人一展神技。10 月 11 日在北京中国棋院，柳大华带病上演 1 对 35 人 6 盘棋的盲棋车轮战。

谁也没想到，柳大华在来北京之前就已经生病，比赛中一直咳个不停。这次参加车轮战的 35 人（本应为 36 人，一人缺席），全是通过大规模比赛选拔出来的，既有白发老人，也有年轻学子。比赛时，每6人照顾一盘棋，合力对付台上的柳大华。6盘棋全部由柳大华执黑让先。在看过主办方播放的选拔赛短片后，柳大华说："没想到这次的对手是经过这么大规模比赛选择出来的，他们实力一定不差。"

虽然对手实力很强，但赛前柳大华也曾表示并不担心，毕竟只有6盘棋，数量不算多。记者也曾问大师，象棋民间高手众多，"怕不怕冒出一两个孙猴子"，他说"不会"，因为闭门造车是出不了真正的高手的，高手必须经过实战的千锤百炼，所以真正的高手，都是常年征战赛场的"熟人"。

15：00，比赛开始。交战双方出手都很快，挑战者显然有备而来"照谱抓药"。但这正中柳大华的下怀。大师曾向记者介绍过，下盲棋最重要的是棋谱要熟，并称自己脑子里至少熟记着上千个棋局。对手按谱出招，倒给大师省了不少功夫。

17：15，柳大华以2胜3和1负结束了比赛。

中国象棋第一位 "全冠王" 赵国荣

赵国荣，1961年生于黑龙江哈尔滨。象棋特级国际大师。幼年得名手"东北虎"王嘉良指导，棋风与王相似并更为精密细腻、刚柔并济。布局多有创新，中局大刀阔斧，遇强愈勇，溶南北两派之长于一炉。有"新东北虎"之称。1990年、1992年、1995年三次获全国冠军，第二届"高科技杯"冠军，1995年获得第一届"广洋杯"象棋大棋圣战冠军，1997年在首届象棋名人战中获得冠军，荣获名人称号，1998年、1999年获得"五羊杯"全国冠军赛冠军。第四届亚洲城市名手赛冠军（即现在的亚洲象棋个人锦标赛），1991年获得第二届世界象棋锦标赛个人冠军。1999年获世界象棋冠军赛冠军。他是第一位集世界、亚洲、全国冠军于一身的"全冠王"。多次出访欧、美各国，为象棋推广作出了很大的贡献。

婚礼上摆棋盘

1987 年的大年三十晚上，位于哈尔滨市动力区的黑龙江棋院大厅里灯火辉煌，高朋满座，人人脸上洋溢着喜庆祥和的神色。

赵国荣

只见大厅内摆设着若干个象棋、围棋盘，这是摆设车轮战的阵势，与来宾交战的擂主是何人？一位是西装革履、沉稳帅气的象棋名手赵国荣，另一位是身穿洁白羊毛衫、黑呢裙子、颈系着艳红纱巾、苗条秀美的围棋女将牛力力。二人的脸上没有一贯严肃的比赛表情，而是笑意萦绕、喜气洋洋，分别与各自的"对手"在枰上施展拳脚，令"对手"们抓耳挠腮、愁眉苦脸，而后推枰认输，并向二人拱手称臣，并祝二人棋缘长存、爱情永存、白头偕老！

原来，这不是一场常见的象棋、围棋车轮战场面，而是两位著名棋手赵国荣和牛力力的婚礼进行曲！

牛力力，1961 年生于哈尔滨市。14 岁学围棋，1982 年获全国围棋个人赛女子第四名。1983 年定为三段，并进入国家队，与马晓春一起成为聂卫平当时的首批弟子，1985 年升为五段。80 年代赴日本留学，成为围棋泰斗吴清源的得力助手。

在黑龙江省棋队，同样属牛的赵国荣和牛力力都有着勤奋向上，坚韧不拔的劲头，在各自的棋盘上都有出色表现，在棋队的同龄人中都是出类拔萃。不知什么时候开始，内向稳重的赵国荣与漂亮活泼的牛力力之间萌生了爱的种子，共同的志趣将两个年轻人的心联系在一起。牛力力进入国家围棋队训练时，两人鱼雁传书，互相勉励，共同奋进，在事业上如芝麻开花节节高，至 1987 年两人结婚时，牛力力已是围棋五段高手，赵国荣则成为象棋大师、全国冠军的有力竞争者，他们在省体工队院内的家属楼筑就了爱巢，有情人终成眷属，婚后两人互敬互爱，比翼齐飞，是为人称羡的模范夫妻。

贤妻授术助其夺冠

结婚后，夫唱妇随，恩恩爱爱，生活上互相关心，互相体贴，大可与民间流传已久的梁鸿和孟光"举案齐眉"的故事相比。在事业上互相支持，互相帮助。从某种意义上来讲，牛力力对赵国荣的支持更多一些，为了让赵国荣及早地登上事业的顶峰，她甘做人梯。

每当取得一项好成绩，赵国荣总是忘不了恩师王嘉良，还有贤妻牛力力。他会激动地对人说："每当比赛来临，我爱人总是要帮我分析研究，使我知彼知己，百战不殆。"

赵国荣为什么会如此夸赞妻子呢？牛力力的实际行动令他激动不已。

赵国荣与牛力力

作为黑龙江省围棋队的一员，牛力力深深懂得，象棋和围棋虽然是不同的两个棋种，但有许多相通之处，她用二者之间的相似之处来分析象棋。王嘉良为什么几次痛失冠军？皆因临阵对弈性子太急。赵国荣早已具备了夺取全国冠军的实力，为什么能多次打进前六名，三次夺取亚军，却迟迟不能登顶呢？原因在于关键时刻求胜心切而痛失好局。

"这说明你的棋艺水平达到了，但心理素质还不过关，你说对吧赵国荣？"牛力力进一步分析说，"下棋要胜算，首先要了解对手，分析对手，他的弱点是什么，优点又在哪里，棋路怎样，这盘棋赛前你是想赢，还是想战和，要做到心中有数，才能有一定的胜算。"

牛力力讲得头头是道，句句在理，赵国荣连连点头。贤妻所授的这套"战术"，在其后的比赛中还真用上了，致使成绩越来越好。

牛力力能够正确估计自己，正确分析自己。她认为，尽管自己是五段棋手，在黑龙江女棋手中少有人敌，但要夺取全国冠军和世界冠军，就自己的实力而言差得较远；而赵国荣却早已具备了夺取冠军的实力，只是时间早晚的问题。为了辅助赵国荣尽快登七顶峰，牛力力决心要

"牺牲"自己。

为此，她把做饭、洗衣、打扫卫生等家务事全部承担起来。赵国荣担心累着力力，要帮她做，力力却说："你要有足够的时间来研究棋艺，这些零七八碎的小事就不劳你了。"

夫妻之间一句鼓励的话，往往会成为无形的力量。1990年上半年在邯郸举行的全国比赛，当黑龙江队首次夺取全国团体冠军时，已去日本学习的牛力力把国际长途电话打到了冀南宾馆，祝贺黑龙江队登上全国冠军宝座，并鼓励赵国荣说："应当说，夺取全国冠军你一切都具备了，下半年的全国个人赛上看你的了。"赵国荣信心百倍地回答说："力力你放心好了，下半年我一定拿个全国冠军给你看看。"

言之不虚，在下半年举行的全国个人赛中，他力挫群雄而大魁天下，果然登上了全国冠军宝座。当他下完最后一轮棋离开赛场时，首先想到的是给远在日本的妻子牛力力打电话报捷："力力，我真的拿全国冠军了，谢谢你多年来的支持和帮助。"

1991年第二届世界象棋锦标赛在云南举行，这是夺取世界冠军的极好机会。为此，牛力力特陪夫君从日本飞赴昆明，从各方面对赵国荣进行照顾，每天让赵国荣吃好，睡好，休息好，以充沛的精力投入比赛。赛场上，当赵国荣连闯三关时，力力为他连胜三场而高兴，中间当赵国荣遇上李来群，中国台北马仲威等高手连和下场，特别是当赵国荣盘面上遇到险情时，力力着急得像热锅上的蚂蚁。赛场里，她曾附耳对笔者说："看他苦苦思考棋的样子，真为他难受，又不能代替他。"其后，赵国荣又连胜三场，终于不负众望和妻盼，以6胜3和的不败战绩，成为世界冠军。

传播中国象棋

应日本将棋协会的邀请，受中国象棋协会的委派，赵国荣于1991年6月19日前往日本东京附近的千叶传授中国象棋，同时学习日本棋，成为传播中、日棋艺的友好使者。赵国荣的大部分时间在日本，这是他不能参加一些杯赛的重要原因。从近年来赵国荣所参加的几项杯赛来看，他取得了惊人的成绩。

赵国荣去日本后，他在干什么呢？这是广大象棋爱好者比较关心的问题。问起这个问题时，他侃侃而谈："刚到日本时，将棋联盟让一些职业棋手教我下棋。当我有了一定的将棋基础时，便常到一些棋馆里去下，水平提高还是比较快的。大约两年后，我与日本的一些职业女棋手下全赢了，与男子业余高手的对弈，是有胜有负。我也是将棋的业余高手了，现在为业余 6 段。"

赵国荣在学习将棋的同时也教授传播中国象棋，经常去日本象棋协会下指导棋，举行讲座。每当讲课时，牛力力皆会随同前往，用一口流利的日语做翻译。两人配合默契，珠联璧合，受到听课者的称赞。为了尽快提高日本棋手的棋艺，赵国荣经常举行一对十几人的车轮战，他高超的棋艺自然受到了象棋爱好者的备加赞赏。因此，听课者与日俱增，每次能达到上百人。

在日本，赵国荣最好的朋友是将棋高手所司和晴，两人相识后，赵国荣跟所司和晴学将棋，所司向赵国荣学象棋，皆提高很快。两人约定，每星期最少见面一次，相聚在一个棋馆里，同时下一盘将棋和一盘象棋，围观者甚多。

在赵国荣的指导下，不少象棋爱好者的棋艺水平有了长足地长进，所司和晴就是比较突出的一个。1998 年 10 月间在江苏泰州举行的第 10 届亚洲象棋锦标赛中，所司妙着制胜，连连得手，他力胜中国台北高手陈振国之局就是一例。对弈中，进入中局后所司突然弈出了赛前赵国荣传授给他的一记新招，使对手难以招架，导致失子失势而败北。所司高兴地对人说："比赛中，老师教我的高招全用上了。"

棋界不少人纳闷，长年在日本，没有与高手对弈的机会，为什么回国比赛往往能力战群雄而取得好成绩呢？当有人问及此事时，赵国荣回答道："在日本，我有更多的时间研究棋艺。实际上，高手之间水平差不多，比赛中要想取得好成绩，关键在于临场发挥和求新求变。"

东北大侠生擒南国少帅

赵国荣自 1982 年夺取较有影响的"避暑山庄杯"后，至目前各种杯赛的冠、亚军奖杯，已经捧了几十座，足可办个展览。人们称赵国荣是"捧杯能手"这话实不为过。

1995 年在上海浦东举行的"广洋杯"首届象棋大棋圣战，聚集了全国各地的象棋高手。战胜汤卓光、于幼华等名将，与吕钦、胡荣华、许银川打进"四强赛"。在半决赛中，赵国荣战胜许银川，与战胜胡荣华的吕钦相会于决赛。最后 4 番棋决赛，皆战和，加赛 10 分钟快棋。赛前人们都说，与快棋功夫堪称国内独步的"小吕飞刀"吕钦拼快棋，凶多吉少。然而，胜利的天平最终倾向于赵国荣。记者们撰文说："东北大侠生擒南国少帅。"

1997 年 10 月 31 日至 11 月 5 日，在历史名城河南商丘进行的"林河杯"首届全国象棋名人战，是国内第一次真正的称号战，参赛者为等级分列前 16 名的象棋高手。比赛中，赵国荣大逞"虎"威，一路过关斩将，先后战胜庄玉庭、李智屏、胡荣华等名将，与吕钦再次杀入决赛。两盘慢棋握手言和，只好在快棋上一决高低。二虎相争必有一伤，结果"东北虎"吃掉"华南虎"，赵国荣以漂亮的弃子，精妙的杀法获胜，从而成为中国象棋的首位"名人"。

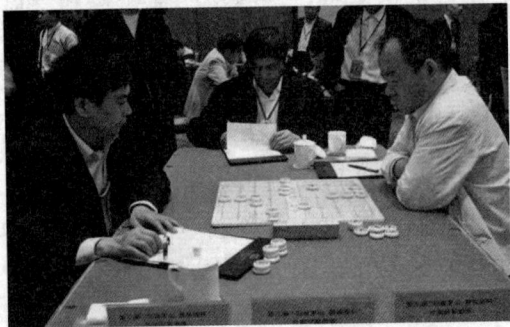

赵国荣与吕钦的巅峰对决

在长期的实践中，赵国荣形成了自己独特的棋艺风格。他不但继承了"老东北虎"王嘉良攻杀凌厉的风格，而且还将以"魔叔"杨官璘为代表的南方棋手细腻、柔韧的特点溶于一身，成为南北功夫皆具，刚柔相济的特点。有人把赵国荣的棋风比作绿茵场上的足球风格，颇为恰切。就目前国际上足球的流派来看，大体分为两类，一是以巴西队为代表的短传配合、地面渗透的灵巧型；一是以德国队为代表的长传冲吊、层层推进的力量型。赵国荣的棋风就好比德国队的球风，运子行棋讲究整体配合，如同一架推土机，层层推进，力大招沉，往往令对手难以招架。谈起赵国荣的棋，之所以有点令人"谈虎色变"的感觉，其原因也正在这里。王嘉良自豪地对人说道："我在枰场上厮杀了大半生，与几代棋手交过锋，达到目前小赵这样的水平还是没有的。"

把一切献给象棋

早在 1993 年，他就开始担任黑龙江棋院副院长之职，近年又升为院长，事务性工作太繁忙，且又静不下心，哪有更多的时间来研究棋呢？

赵国荣虽然性格内向，是一个喜爱安静的人，但他也有不少爱好。你若拉他去卡拉 OK 厅，他会拿起麦克风高歌一曲，标准的男中音，悠扬而动听。打乒乓球更是一把好手，不但打遍黑龙江棋院无敌手，就是省乒乓球队有的队员，与他打球也得特别小心。赵国荣还喜欢打桥牌，即便是第二天大赛来临，头天晚上他也要找人打两把，用他的话这叫"换换脑子"。赵国荣虽然很少进保龄球馆，但每次去玩，往往会有"上乘之作"。1999 年 2 月间，赵国荣参加"少林汽车杯"象棋八强赛后路过北京，朋友拉他去打保龄球。看他出球的动作，没人敢恭维。但是他手持球，经过一段助跑，然后蹲下将球掷出，却每每全中，赢得一片喝彩声。人们赞扬说："赵国荣的姿势虽不优美，但命中率高。"还有人说："赵国荣的保龄球如同他棋盘上的棋，重心低，力量大，是他在保龄球场上研究出来的'怪招'。"

赵国荣常说，枰场上是棋艺水平、心理素质、健康状况的全面较量，这是他通过各种体育锻炼来增强体质，以适应比赛需要的原因所在。

赵国荣说："象棋给了我一切，为了象棋的发展，我会把一切献给象棋。"他的话显示了一位真正棋人对象棋的热爱与执着。

"羊城少帅" 吕钦

吕钦，1962 年生于广东惠东，中国象棋特级国际大师。他以棋风顽强、布局周密、反应敏捷、攻杀犀利而著名，人称"羊城少帅"。迄今 16 次获得全国性象棋大赛个人赛冠军、6 次亚洲象棋团体锦标赛冠军、1 次亚洲象棋名手赛冠军、4 次世界象棋锦标赛个人和团体冠军、4 次获得国家体育总局颁发的体育运动荣誉奖章，被评为新中国 50 周年棋坛十大杰出人物。

广东惠东县稔山镇长排村是一个偏僻的山村，吕钦家有 7 兄弟姐妹，吕钦排老二，小时候家境不是很好的他就要负责照顾自己的弟弟妹妹。吕钦的父母是盐民，一直在 5 公里外的盐场干活，常年都不在家，他是由祖母带大的。

谈起当时的艰辛，吕钦也是感慨不已，因为当时一副最便宜的象棋也要一毛多，吕钦两天才有一分钱的零用钱，他和同伴从教室里偷来粉笔，找到块地方，划上楚河汉界，用瓦块当棋子，然后在上面写上车马炮的字样。

吕　钦

他无法找到自己的启蒙老师，因为他完全是靠看人下棋看会的。20 世纪 60 年代的广东农村，孩子们哪有什么课余活动？村里的老人们常年聚集在一个空屋子里下棋，这个地方也是最吸引吕钦的地方，每天一放学，他放下书包就往那里跑。"看了一个礼拜，我就完全会了。"吕钦回忆说。

尽管家境不宽裕，幸运的是，父亲为了支持吕钦学好棋艺，每次吕钦要外出比赛，父亲都会毫不犹豫地掏出 15 到 20 元钱，资助他。

在吕钦的记忆中，父亲几乎就没当面表扬过自己，只是会在和村里人聊天偶尔说到时候神情颇为自豪。

那些无意中成了吕钦师傅的老人们，很快发现了孩子的天赋。一开始还觉得老人们水平很高，没过多久，村里的老人没一个能下过他了。

1978 年，吕钦高中毕业，准备参加高考。他成绩很好，很有希望考上大学。但这个时候公社的领导找到他，希望他按省里的要求参加全国少年比赛。公社对吕钦寄予了厚望，在最困难的年代里，革委会每个月特批给他家三四斤猪肉。"你先参加比赛，高考可以推迟一年。"公社承诺。

结果吕钦一举拿到了全国少年冠军，也就在这一年，他进入二沙岛的省队，此后在各类大赛中屡次夺冠，以棋风顽强、布局周密、反应敏捷、攻杀犀利而著名，享有"快马飞刀"、"小吕飞刀"的美誉。

从2001年，吕钦开始担任广东省象棋队的教练员兼队员。广东象棋队有十多个人，除了比赛，从周一到周六都要训练，而且从早上8时30分到下午5点，5点之后是体能训练。

吕钦的成功是靠自己一步一步走出来的，他没有老师，但是他已经有了12名有"大师"称号的弟子。作为广东象棋队的主教练，省棋牌中心的副主任，吕钦把大半的精力给了别人。

吕钦认为要成为职业棋手，必须有天分。他说："有些棋手看到我们打比赛挣钱，但是这样的全国不到10人，绝大部分的人还是很平庸的。所以我也在观察孩子们，光勤奋，有理想不够，如果他们没有天分，就劝他们尽早放弃，下棋可以锻炼智力，但要以此为生，非天才不可。"

吕钦在弈棋中

作为教练，他把广东省队建设成了全国最规范、也最具实力的一支队伍，享有"梦之队"之誉。不过他也看到了不足："别人都说现在广东队最强，其实，广东队里有我还有许银川这样的棋手，因此在团体赛上，我们总能够获得冠军，不过在个人赛上，后继不力，特别是女队员，需要在全国争取到前六或前三才行"。

吕钦，在棋盘中成长，在棋坛中功成名就，现在又为棋界栽桃培李，他坚信中国象棋的发展前景一片美好。

"亚洲棋后" 谢思明

谢思明，女，1962年生于北京，祖籍河南洛阳市孟津县。五度获得全国个人赛冠军。她代表中国参加了第一、二、三、五届"亚洲杯象棋赛"，力挫新加坡女棋王张心欢，四度夺魁，被誉为"亚洲棋后"。1988 年亚洲象棋联合会授予象棋特级国际大师称号。与高华、单霞丽、胡明、王琳娜、金海英等五位棋后并称"楚汉六凤"，而谢思明为"楚汉六凤"之首。

跳水不成学象棋

谢思明是在北京西直门附近的街巷中长大的，她所住的院子里总有人下棋，她从他们那里知道了"马走日、象走田、炮打一溜烟"，但不知道"别马腿儿"的确切含义。上初一的时候，一次班干部开会，老师拿来一份儿什刹海体校的象棋招生简章——那是"文化大革命"后体校的第一次招生，老师问谁会下棋，别人都说不会。这时有人看着谢思明说："你不是会下棋吗？"就这样，不太知道"别马腿儿"的谢思明被班主任纪学敏推荐去了体校。

其实，谢思明小时候的愿望是跳舞，她的志向是当个芭蕾舞演员。可是，她自小体质弱，为了锻炼身体，妈妈给她报了什刹海体校的一个跳水班。在陆上训练多日，上三米跳台头朝下往下跳时，小伙伴都跳下去了，可她胆儿小了，死活不敢跳。学了一年多，最后不学了，她的跳水经历中最辉煌的记忆是在陶然亭游泳池十米跳台上跳"冰棍儿"。谢思明说："我爆发力差，没身体在空中转几圈儿的那种感觉，不是跳水的料儿。"就这样，她没去学跳芭蕾舞，跳水也半途而废，却因一个偶然的机会而学起了象棋。

谢思明

四封棋后急流退

谢思明开始在什刹海体校学象棋，教棋的是资深教练王国栋。在王教练的启蒙中，谢思明有板有眼地学起来。学了一年之后，发生了唐山大地震，体校停课了，谢思明那时候对象棋的兴趣不是很大，就借着地震不学了。地震过去之后，她把学棋的事抛在脑后。突然有一天，王教练找上门来，说："你棋学了这么久，扔了怪可惜的，接着学吧。"于是，谢思明再次把棋拾起来，开始了每周数次的学习。这一次，拿起的棋子再也没有放下，她能时常赢棋了，对棋逐渐产生了兴趣，自然就放不下了。

除了启蒙教练王国栋，谢思明后来还跟刘国斌、朱学增、臧如意等名家学过。在这些教练的苦心栽培、教诲之下，谢思明的棋艺突飞猛进，若干年后，开始在中国女子象棋界独领风骚：1979 年获全国少年象棋比赛冠军，1980 年获全国象棋个人赛冠军，1981 ~ 1983 年又蝉联三届全国象棋个人赛冠军，成为中国第一位女子象棋特级大师。1987 年，谢思明第 5 次获得全国个人赛冠军。除此之外，她还获得过 4 次亚洲象棋赛冠军，因而赢得"亚洲棋后"美誉。《中国象棋词典》这样评价谢思明："长排习棋谱，熟悉各种流行布局，棋风泼辣，善于对攻，沉着冷静，临危不乱，对限着时间的掌握颇有分寸。"

1988 年，谢思明在获得自己最后一次亚洲杯冠军之后，急流勇退。

退役后经营赛事

谢思明说象棋使她从一个少不更事的孩子成为冠军，这个过程本身就是一笔巨大的财富，她的许多东西都是象棋给的，她对象棋的感情很深，不是说离开就能离开的，这成为她退役之后还搞象棋的原因。

1994 年，谢思明结束了在北京师范大学中文系的学习之后，开办了北京银鸿广告公司，任总经理。凭借个人影响，经营体育赛事。1997 年 3 月，她与中国高尔夫球协会联合举办了"三九杯中国高尔夫公开赛"，获得成功。两个月后，与中国棋院、中央电视台体育部合办了"中立杯"象棋电视快棋赛，在全国棋友中产生轰动效应。从这开始，谢思明一发不可收拾，每年都要举办两三次赛事，而 1999 年一年更是举办了"中视股份杯"全国台球精英电视挑战赛、"银鸿杯"中国象棋女子大师赛、"思明杯"全国老干部象棋赛、"交通安全杯"象棋大师赛、"三九大白鲨杯"全国高尔夫公开赛、"红牛杯"电视快棋赛、"红牛杯"象棋元老赛、"红牛杯"全国省市象棋冠军赛和"中视股份杯"象棋年度总决赛 9 个赛事！这些赛事经中央电视台体育频道播出后，在社会各层面引起广泛影响，尤其受到棋迷的交口称赞。为增加象棋比赛的趣味性，谢思明在比赛间隙安排了残局有奖破解活动，收到大量来信，最多的一天竟收到 5000 余封，其收视率和社会影响可见一斑。

许多象棋爱好者是从荧屏上认识谢思明的，看她与象棋大师张强搭档讲解各路高手的对局，只把她看成讲棋人。其实，她不仅仅是讲棋人，还是这些比赛的策划者、组织者、实施者，每一项赛事，赛前都要找赞助商、找棋院协调，联系电视台转播并设计、布置赛场，联系、约请运动员、裁判员……谢思明说，干这些事，既要有经济头脑和把握商机的能力，又要有对象棋及其他项目的执著追求，否则很难干成事。

谢思明是善于思考、勤于思考的人，她认为棋艺是吃饱喝足后的精神享受，而且随着社会的进步，人们对这种享受的要求会越来越高。她认为现在的电视快棋赛已经达到了很高的水平，但其质量与慢棋赛比还有差距。她认为有相当一部分棋迷喜欢、需要"有内容"的棋局，而有内容的棋局都来自慢棋赛，慢棋出经典之作。现在生活节奏快了，要让棋迷第一时间了解、欣赏棋赛，最便捷的方式是看电视。可电视有电视的特点：时间要短，棋要紧凑，在一个小时内下出高质量、有内容的棋，对棋手来说有难度，但棋手必须解决这个问题，否则，电视快棋赛既无质量又无内容，渐渐会失去观众。这是一个不好解决的矛盾。

工作之余爱好多

繁忙的工作之余，谢思明的业余生活充实紧凑，多姿多彩。

如果天气好，她会邀上三五好友去网球场，换上球衣球裙挥拍上阵打上几局，直到热汗微微，尽兴而归。不过，赶上在电视上讲棋的时候，她的"球类活动"会放一放，她得保护一下皮肤，别晒得太黑，影响形象。这时候，她就去游泳，小时候虽没跳成水，但游泳的爱好却保留了下来。

不去打球、不去游泳的时候，谢思明就看体育节目。她是球迷，意甲、英超、欧锦赛、世界杯都喜欢看。没足球赛的时候，就看网球，温网、法网、澳网、美网都看。另外，NBA、F1 赛车也不放过。

谢思明延续着对舞蹈的爱好，《天鹅湖》《罗密欧与朱丽叶》等芭蕾舞经典作品让她百看不厌，她收藏的芭蕾舞、歌剧、古典音乐的 CD、

DVD 光盘、录像带 1000 余张，这些精神食粮滋润着她，使她流露着典雅的气质。

谢思明还喜欢看小说，古今中外都看，但尤爱国外古典作品，喜欢的作家有巴尔扎克、托尔斯泰、杰克·伦敦和哈代。

谢思明对象棋的未来充满信心，她认为只要经济发展，生活水平提高，人们的生活品位就会提高，中国人对传统文化也将有更为强烈的向往，那时象棋的市场会更大。

女子象棋第一位 "全冠王" 胡明

胡明，1971 年生于河北深泽。1986 年获全国个人赛冠军，1990 年至 1994 年五次蝉联全国个人赛冠军。1991 年和 1993 年两次获世锦赛个人冠军。1994 年获亚洲个人冠军。1995 年和 2000 年两次获得"银荔杯"冠军。1990 年获女子象棋特级大师称号。1992 年获女子象棋特级国际大师称号。她是中国女棋手中第一个集世界、亚洲、全国冠军于一身的"全冠王"。

胡明和象棋结缘，得益于她的爸爸。胡明的爸爸是石家庄化肥厂一位普通的工人，工作之余，他总是喜欢邀人"杀"上几盘，从中取乐。每当这时，小胡明总要靠在爸爸的膝盖上，忽闪着她那双细而长的大眼睛，认真观看。"爸爸，什么叫卧槽？""爸爸，什么叫闷宫？"

胡 明

小胡明的问题越来越多，简直令爸爸应接不暇了。童年时代的兴趣往往是未来事业的萌芽，胡明的兴趣就这样被培养起来了。红黑分明的棋子，纵横交错的棋盘，变化莫测的棋局成了她心中的绿地，她开始了愉快的耕耘。

胡明长到7岁，已经开始战胜爸爸，这一年她和长她两岁的二姐胡静一起，代表学校去参加不分年龄的全市女子中国象棋比赛，而胡明的成绩差不多总是比姐姐好。这个消息传到了市业余体校教练韩国庆那里，他想试试胡明的棋力，谁知初次交锋竟险些败阵。韩教练心里乐开了花，当即留下胡明，倾囊相授。一经行家指点，胡明就象雏鹰插上了翅膀，要振翅高飞了。

胡明10岁那年，夺得了全市女子冠军，同年又在全省运动会上战胜多名成人女棋手，成为全省中国象棋的"皇后"。就在这次比赛中，著名象棋大师刘殿中发现了她，把她招到旗下，作为自己第一位女弟子，悉心栽培。从此胡明如鱼得水了。在省象棋队里，有循循善诱的领队阿姨何玉兰，有和蔼可亲的老师刘殿中，有国内棋坛驰名的李来群、黄勇等大哥哥……这位系着红领巾的小姑娘日益成熟起来。

两年后，13岁的胡明将国内第一个女子特级大师、长自己8岁的北京选手谢思明击败，跃入女子三杰行列。这样，她以当年参加全国比赛的总积分，被批准为中国象棋大师。这个国内弈坛中年龄最小的大师，不啻是棋界一颗夺目的新星。1986年夺取全国冠军之后，1987年新春，在谢思明、单霞丽、高华、林野、黄子君、胡明六个女状元参加的"金星杯"中国象棋大师精英赛上再夺魁首。

胡明解说象棋赛

胡明是个天真烂漫的少女，她很活泼，爱与小伙伴们谈笑逗闹，爱看连环画和各种各样的儿童故事和电视、电影，遇到不顺心的事也爱哭鼻子。但她又是一位"大将"。她久经沙场，神机妙算，在她面前堆放的棋谱上，有她认真划下的各种记分；她参加比赛的"比赛记录"

已积屯了半个柜子，那是她付出心血的标志。

在 2008 年首届世界智力运动会象棋女子团体赛上，胡明与唐丹、张国凤组成的中国象棋女子队不负众望，一举夺魁。

"少年姜太公" 许银川

许银川，1975 年生于广东省惠来。中国象棋特级国际大师。5 岁开始学棋，师从全国著名象棋教练章汉强，12 岁调入广东棋队。1988 年获全国少年冠军，1993 年、1996 年、1998 年、2001 年、2006 年、2009 年 6 次获全国象棋个人锦标赛冠军，七夺"五羊杯"冠军，1995 年获得第七届亚洲名手赛冠军（即现在的亚洲象棋个人锦标赛），1999 年、2003 年、2007 年三次夺得世界象棋锦标赛个人冠军，2001 年获得 BGN 世界象棋挑战赛冠军。2005 年获得世界象棋大师赛冠军。是继赵国荣、吕钦之后第三位集世界、亚洲、全国冠军于一身的"全冠王"。2013 年年初中国象棋协会公布的国内棋手最新等级分排行榜上，许银川以 2681 分名列第一，坐上弈林"第一把交椅"。

刻苦学棋，初出茅庐

许银川出生在一个普通的教师家庭，在 4 个兄弟姐妹中排行第二。许银川自幼勤奋好学、刻苦向上。他一上学就直接读 2 年级，并且学习成绩全年级第一，还获得惠来县的书法、绘画、作文奖。

许银川说，他 4 岁就开始学下棋，启蒙老师是曾多次取得县冠军的父亲，习棋不久，1985 年就获得汕头市少年冠军。接着，他受到汕头市体校象棋

许银川

教练章汉强的辅导。1986 年在第 7 届广东省运动会象棋比赛中，这位小棋手一鸣惊人，夺得省少年冠军。

随后，许银川跻身于广东省棋队。入省象棋队后，他生活的全部内容便是象棋，十年如一日准时来到训练室，每天训练近 6 小时。在省队训练，许银川的棋艺水平如芝麻开花节节高。

许银川进步神速，水平稳定，棋风灵活多变，基本功扎实，技术日臻全面。许银川以绵密、细腻的棋风，胸有成竹的心态，在强手如林的全国象棋大赛中，崭露头角，被称为"少年姜太公"。他是继杨官璘、吕钦之后，在南粤升起的又一颗棋星。

1993 年"青岛隆泰长青杯"全国象棋个人锦标赛上，年仅 18 岁的许银川以 8 胜 4 和 1 负积 10 分的成绩荣登全国冠军宝座，是继胡荣华之后 30 年中最年轻的男子全国冠军和特级大师，成为中国象棋史上的第 9 位全国冠军。

辉煌战绩，弈林第一

1988 年许银川获全国少年冠军，1989 年、1993 年、1999 年、2000 年广东省队获全国团体冠军主力队员。广东队获 2000 年全国体育大会象棋团体赛冠军，许银川是主力队员之一。

1993 年、1996 年、1998 年、2001 年、2006 年、2009 年 6 次获全国冠军，是 1989 年、1993 年、1999 年、2000 年、2001 年、2002 年 6 届全国团体冠军广东队及 2004 年"将军杯"、2006 年"启新高尔夫杯"全国象棋甲级联赛冠军广东队主力，2003 年首届象甲联赛中许银川获得最高胜率奖。许银川 7 次获得"五羊杯"冠军。1994 年首届"高科技杯"冠军，1995 年第六届"银荔杯"全国象棋冠军赛获得冠军、第一、二届"嘉丰房地产杯"王位赛冠军，同年许银川在"阿信杯"第五届棋王挑战赛中夺魁，获得挑战权。许银川是第七、八、九届亚洲杯团体冠军中国队主力队员，1995 年第七届亚洲名手赛冠军，1999 年和 2003 年分别获得第六届、第八届世界象棋锦标赛个人冠军，2001 年获得 BGN 世界象棋挑战赛冠军。2005 年获得威凯房地产杯全国象棋排名赛冠军、世界象棋大师赛冠军。2007 年 11 月，许银川又获得第 10 届世界象棋锦标赛冠军、第 2 届亚洲室内运动会象棋个人赛冠军。2010 年 1

月在上海卢湾体育馆以 2 比 1 的总比分击败洪智，夺得 2009 年九城置业杯中国象棋年终总决赛冠军，独揽 50 万人民币大奖！

许银川是继赵国荣、吕钦之后第三位集全国、亚洲、世界冠军于一身的"全冠王"。

2013 年年初在中国象棋协会公布的国内棋手最新等级分排行榜上，38 岁的许银川以 2681 分名列第一。这也是他自 2009 年上半年等级分被北京新锐蒋川超越后，时隔四年再次坐上弈林"第一把交椅"，以无可争议的成绩表明他并未滑坡。

专心致志，有所不为

许银川仿佛是为中国象棋而生，一提到棋，他眼睛就放光。他说："象棋，每一盘棋都不相同，千变万化，变化无穷，是一门具有创造性的艺术，需要棋手有很好的创造性思维。"

许银川对象棋的心无旁骛不仅收获了金杯，还收获了爱情。他的妻子是其同在广东象棋队的师妹文静，也是中国象棋大师，二人在业内被誉为"中国棋坛的神雕侠侣"，引起许多人的称羡。

文静对记者说，当初正是许银川对象棋的专注深深吸引了自己。她这样描述：

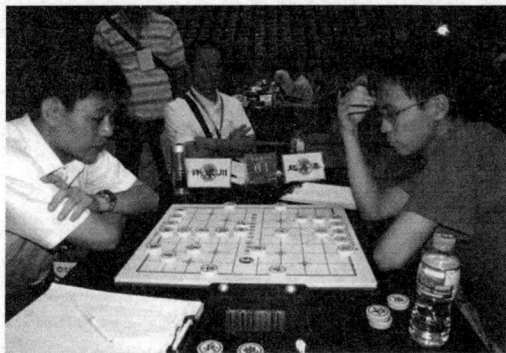

许银川大战赵鑫鑫

"当时大家都还是十五六岁的大孩子，特别贪玩。一下课就都到室外去疯，可银川常常是一个人留在原地摆棋，一动不动好几个小时。他从不会被旁边的人干扰。"

许银川说，自己从小就懂得做事要"专心致志"的道理。另外，他认为，要成事，必须诚于事。首先必须正确认识你要做的事情，万丈高楼也得靠泥土砖头一层一层往上堆，你必须脚踏实地地做好每一件事，"因为心诚你才能专心，专心了，你的聪明才智才能最大限度地体现在棋盘中"。

许银川现在是象棋界最耀眼的明星之一，自然会有不少商机。可是，除非他认为去了会对象棋推广有好处，否则就会拒绝。像其他项目的冠军一样，拍广告、参加商业走秀，或是请他当教练，经常会有人找上门来。但许银川多数会拒绝。至今他只接过两个广告，至于商业性的比赛，经常有一些单位邀请他去助兴表演车轮战什么的，除非他认为去了会对象棋推广有好处，否则就会拒绝。

坊间传言，许银川的出场费很高，一局棋不论输赢最少 1000 元。对此，许银川表示："有的比赛一局棋 1 万元我也不去，但有的比赛一分没有我也会去。"

据妻子文静说，有一次，他去越南，发现在那里中国象棋普及得很好，于是决定留下义务教授一个月，为此还放弃了两个全国性比赛。

许银川对记者说："有所不为，才能有所为。"正因为如此，在当年中国股市是十年不遇的大牛市，几乎全民皆股，许银川也没有介入。他解释，自己是刻意不碰，否则的话，整天想着看行情，心会散。

棋得文兴，取财有道

"棋得文才兴，弈者无文，行之不远"。许银川在紧张的职业生涯中，挤出时间就读中山大学中文系，用五年时间完成了本科学业，现在又专门请家教到家里来教英语。他平时在家有时间总会练字，写得一手好字，工整而秀美，有人说看他做的对局记录就是一种享受，在业内属于"超一流"。

许银川与文静

许银川说，习字是为修身养性，"下棋毕竟是一种争夺性的活动，写字则不是，它能让人平和安静，提高人的修养，让人保持平常心"。

如今的许银川深谙"平常心"之妙，不管输赢，淡淡一笑，这是他特有的表情，胜也好，败也罢，很难在他的脸上留下痕迹。喜怒不形于色，许银川的定力和胸襟尽在其中。

在广东东湖棋院悬挂着许银川的一幅书法题字："半壁河山半攻守，半争成败半悟道。"这其中包含了他对棋文化的理解和对人生成败的了悟。

在棋艺上精益求精的许银川，在生活上却相当简单。他的手机还是几年前买的，连照相功能都没有；他穿的衬衣也都不是高级名牌，"都是文静买的，一般也就一两百元"。问他喜欢什么品牌，他回答："我只知道 U2 和 G2000 的牌子。"

对金钱的看法，他说："有钱是好事，但要'君子爱财取之有道'。"对于花钱，他认为，钱应该花得有意义，没有必要奢华。比如，穿衣服干净整洁就好，没必要追求名牌。"朋友请客，如果太贵了，我会不安。"

多年来，许银川每个月寄 2000 元给在老家的父母表孝心，每年固定为两个孤儿捐学费。

许银川现在所住的别墅，据说是他 2002 年获得"BGN"世界象棋挑战赛冠军的 10 万美元奖金买下的。记者在他家见到，房子装修很简单，甚至没有吊顶。最耀眼的地方在第二层，有一整面墙壁做成了一个大壁柜，放满了许银川获得的奖杯，房里的一张大书桌是他平时练书法用的。

人机大战，拉开序幕

2006 年 8 月 15 日，激动人心的人机大战终极 PK 战——许天对决结束了两轮的比赛，双方最终握手言和。赛后，许银川接受了媒体的采访。

第一局时许银川执后手，在劣势的情况下顶和浪潮天梭，是从什么时候陷入不利的呢？在第 13 步许大师曾经为一步马七进五长考许久，是否那时是有机会的呢？许银川回答说："第 13 步陷入长考在选择是否'马六进四'进马的时候其实已经感觉到形势不利，有些亏了。主要是忽略了前面天梭兵三进一的棋。"结果是和了，许银川表示还比较满意。在下午赛前，媒体曾让许银川对比赛做个预测，许银川说："我觉得电脑的先后手差别不是很大，虽然我下午拿先手，但是结果还是说不好，人在劣势的局面下心理压力会非常的大，所以面对进攻很多时候会心理溃败导致对局的失败，电脑却没有心理压力，而且它的计算能力强大，所以反弹能力也非常强，会在劣势的局面下反弹出来，这一点非常的可怕。"

下午第二局开赛后，许银川一度占据优势，但似乎应验了他的话，电脑的反弹能力非常强，因此最终也没有拿下此局。张强大师曾评价许银川："最擅长下这种好一点的棋，经常可以在比赛中看见他在一盘好一点却很难赢下来的对局中赢了。"而这一次许银川的对手也不是普通的人，而是没有七情六欲的电脑，为什么没有赢，许银川说："我想以稳为主，希望在残局中有些机会，但是这次电脑下的非常好，没有给我机会。'炮一平二'更是出乎我的意料，从这步棋看来，它已经拥有了人类的智慧了。"记得张强大师在讲解这盘棋的时候还评价说，人会在没有好棋可走的时候走"等着"，来等待机会，而电脑的炮一平二，充分的展示了它学会了人下棋时的这种小技巧。数天前，在对五位大师的比赛中，浪潮天梭在残局的表现还给人明显的笨拙感，是不是电脑在许天对决赛前进行了调整，变得更人性化了？浪潮天梭的负责人说："这个系统是比数天前的系统有所改进，而且，上次电脑是以一敌五，现在是一对一，所以系统的对局水平也有了提高。"

最后，对局双方对于这次比赛发表了感言。

许银川说："整个比赛感觉很吃力，因为电脑一步可以算 16 个变化，而我只能凭借经验和理解与它对抗。

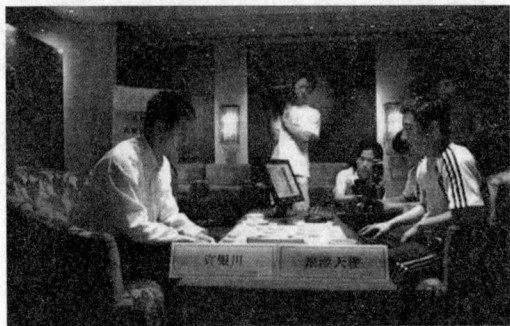

许银川大战天梭

坐在我对面的人不是跟我下棋的对手，而跟我下棋的对手不是真人，这让我感觉很寂寞，我想我还是习惯和有表情交流的真人对弈。比赛结果虽然和了，但是每盘棋都是暗潮汹涌，惊心动魄的，我觉得我通过这次比赛从电脑那学到了很多东西，希望以后学到更多。我认为电脑与顶尖棋手各有所长，因为电脑输入了我的大量对局，我不知道它（电脑）在想什么，如果能让我再多了解它一些，我想我还是有机会赢的。"

浪潮天梭负责人说：我们对这次的结果很满意，举办这样的比赛是想让更多人了解中国的电脑和中国象棋。我想说的是这次比赛不是绝唱，而是一个序幕。

收徒传艺，棋如人生

中间隔着"楚河汉界"，色分黑红，相持对垒，两军立营。一边是象棋特级大师——33岁的许银川；一边是从5岁开始学棋，未满6岁便获东莞市象棋比赛冠军，连续两年在大岭山镇春节象棋擂台赛中守擂，曾经在比赛中逼和过象棋大师李鸿嘉的大岭山文广中心象棋协会成员——年仅8岁的郑舒潮。

双方握手，郑舒潮稳稳坐定，双手扶膝，两眼平视。几步走下来，他凌厉的进攻，稳健的防守，独特的棋风，让许银川这位象棋国际特级大师有些手足无措。

好不容易赢下这盘棋，许银川颇有感慨："象棋界有个说法，怕'江湖'的不怕'朝廷'的。郑舒潮这孩子年纪虽小，但对象棋之道有其独特的领悟，实在难得。在棋界打拼许久，我还没有一个徒弟，现在我决定收他为我的第一个徒弟。"

许银川来到大岭山，收郑舒潮为徒实属巧合。那一段时间，许银川一直在茂名、东莞等地忙于棋艺交流。他闻知大岭山镇文广中心棋协一直在对一批酷爱象棋的孩子进行重点培养，而且这些小棋手多次在高水准的杯赛中荣获市、省级冠军，并有人曾闯入全国十强。其中有一个叫郑舒潮的孩子非常厉害，曾多次获得各项冠军。许银川动了心，决定去大岭山走一走。

2008年1月17日，许银川来到大岭山，恰逢大岭山镇文广中心棋协成立十周年庆典，该协会组织了孩子们进行象棋比赛，大家正杀得热火朝天。他示意组织者不要声张，悄悄地走到郑舒潮身边，看他与对手过招。

这孩子果然了得，一会儿的工夫，他便三下五除二将对手的老"将"置于死地。许银川观其棋路，感觉颇为新颖独特，便提出与郑舒潮走一局，后来便出现了前面所说的那一幕。

当晚，在大岭山一间酒店，许银川和郑舒潮举行了拜师宴。郑舒潮在向父母深深鞠一躬后，将到许银川广州的家生活，并从此跟随师傅许银川征战象棋界。

在拜师宴上，想到孩子即将离开身边，郑舒潮父母的离别之情溢于言表，"孩子从小到大都没有离开过我们，现在要跟师傅去学艺，我们真的非常舍不得。"带着充满稚气的声音，郑舒潮向父母表达了自己的志愿："你们不要为我担心，我一定会跟师傅好好学棋。"

许银川表示，作为自己的第一个徒弟，郑舒潮将是他今后重点培养的对象，"我会把自己所学毫无保留地传授给他，这也算是为象棋界尽一点绵薄之力。"今后，他将带着郑舒潮到各地参加交流和比赛，让他多长见识，并帮助他不断提高象棋技艺。

许银川说："其实，每一盘棋都不尽相同，变化无穷。每个人的人生也不尽相同，但只要勇于创造，就能下得精彩。"

创造 "盲棋" 世界纪录的蒋川

蒋川，1984 年出生于浙江永嘉。2008 年 11 月得获第三届杨官璘杯全国象棋公开赛专业组冠军；2008 年 12 月获得在上海举行的九城置业杯首届全国象棋超霸赛冠军；中国象棋协会公布了 2009 年上半年象棋棋手等级分排名，蒋川力压风头正劲的广东名将许银川，排名榜首；2009 年 3 月获得"芳庄旅游杯"第三届越南象棋邀请赛冠军；2010 年 5 月获得"伊泰杯"2010 年全国象棋精英赛冠军；2011 年 4 月获第三届茅山杯全国象棋冠军邀请赛冠军；2011 年 5 月获"淮阴韩信杯"2011 年第三届象棋国际名人赛冠军；2011 年"伊泰杯"全国象棋甲级联赛冠军；2011 年 10 月获全国第二届智力运动会冠军；2011 年 11 月获第十二届世界象棋锦标赛冠军，晋升为特级国际大师。2012 年 10 月，与吕钦在菲律宾亚洲团体锦标赛上取得冠军，个人胜率第一；2013 年 2 月，首届财神杯全国电视象棋快棋邀请赛冠军。2013 年 1 月 22 日，蒋川在 1 对 22 盲棋赛中，取得 16 胜 6 和的不败战绩，成功打破象棋盲棋世界纪录，创造中国象棋新历史。蒋川在当今中国象棋界，是与许银川不相上下的最杰出的年轻棋手。

迷上象棋，妈妈推助

蒋川1990年开始学棋，蒋川的妈妈说，蒋川有一位表哥，大他七八岁，会下棋，看他下了几次，蒋川就会了。那时蒋川还不认识字，但竟对"车"、"马"、"炮"等棋子认得非常清楚，走起棋来虽然稚嫩，但充满了孩童的灵气。蒋川在他人生最初的对弈中，表现出了一种可贵的品质，即输了棋，不哭闹、不泄气，明天或者后天一定想方设法赢回来。一来二去，蒋川把街坊中的小孩都赢了，于是开始和大人下，渐渐地，村里的大人也都不是对手了。当地有一位教师，好棋，找上门来，连战数盘，输了，又把一位比自己棋力高的亲戚招呼来，几番争斗，也败了阵。

小蒋川棋名大振！有人指点蒋川的父母：你家小孩是个天才，下力气培养吧！蒋妈妈听从了人家的指点，为蒋川找了一名老师，后来为了下棋，又从农村搬到永嘉城里，让蒋川一边念书一边学棋。

为了提高孩子的棋艺，蒋妈妈到处打听象棋训练班，恰巧此时永嘉县举行了少儿象棋赛，蒋川第一次参赛便夺得了永嘉县儿童组的冠军。城西小学破格录取蒋川，同时在城西小学开设象棋训练班学习。

1990年6月4日首次参加比赛就获得永嘉县青少年象棋赛冠军，并开始在温州市和浙江省的少年赛

蒋 川

上崭露头角。蒋川的学习成绩也是出类拔萃的，经常考第一名，在1995年小学奥林匹克数学竞赛获一等奖。就在这年他进入当地最好的

初中——温州实验中学，由于初中老师管得严，不允许下棋，再加上他所在的班级高手如林，使得蒋川为了学业不得不远离象棋，他把全部的时间全放到了学习当中，为能考入重点大学做努力。虽然初中四年没有投入太多的时间和精力到象棋上，但是在浙江省依然没有人能撼动他的地位。1998年获得浙江省第11届运动会青少年冠军，这又增进了对象棋的情感。

放弃大学，选择象棋

转年他便以优异的成绩进入重点高中永嘉中学，由于学校大力提倡素质教育，使蒋川的心又活了起来，从上高中开始就频频出现在省市及全国的赛场。与大师和特级大师的较量可不是像以前那样在赛前磨磨刀就能取得好成绩，除了在赛前的大量准备，平时还得抽出时间去研究棋，投入学习的时间就很少，而且还总出去比赛，一去就是十几天，功课也慢慢地落下了。一边是重点大学，一边是心爱的象棋，他在这两者之间，必须做出抉择，最后他不顾家人的极力反对还是毅然地选择了象棋，立志在象棋上发展。其实以他的学习成绩考一个一般的大学没问题。可在他的字典里没有更好，只有最好，如能上像清华和北大这样的重点大学，他也许会放弃心爱的象棋。

他不顾家人的反对，选择自己喜欢的路走下去。他深知自己必须得在象棋上突破，尽管对他来说很难，因为没有专业队，也没有教练，还好这次闯入三甲，证明自己没有走错路。

勤能补拙，惊人刻苦

和蒋川对局，很多专业棋手，甚至是特级大师都感慨，"没有他不熟悉的套路，哪怕是通过电脑软件研究出来的最新变化，蒋川都能很快掌握。"可是谁又能想到，这个中国象棋等级分第一人曾经只会一种开局，就是顺炮。

加入北京队之前，蒋川在2002年的体育大会上获得第三，当年的全国个人赛也进了前八，应该说在象棋界也下出了一点名气。不过那时候的蒋川，只要是后手对局，只会走顺炮。北京队的主教练张强就告诉记者，"那时候的蒋川连屏风马都不会，对手不管走什么，他都是顺炮。"开局这个环节成了蒋川发展的瓶颈。

蒋川自己也承认，"我的基本功和那些一直在专业队训练的棋手相比，肯定是要差些。"为了弥补这方面的不足，2003年进入北京队后，蒋川就把自己关在训练室里，哪也不去，除了吃饭睡觉就是摆棋，"每天都要摆上

蒋川大战吕钦

十几个小时。"即使这般用功，直到今天蒋川都认为，"自己的布局相对要薄弱一些，中盘和残局还可以。"可见蒋川对自己的要求之高。

蒋川自认为自己的天赋绝对不如"许仙"，甚至还不如比他更加年轻的赵鑫鑫，"我下棋的天赋只能算一般吧，但是我觉得勤能补拙。"

蒋川说，他之所以能如此用功一方面源自对象棋的喜爱，另一方面就是个性使然。"我是那种特别认真的人，做一件事就特别执着。"蒋川给记者讲了一个小故事。"我小时候下棋有一个坏习惯，就是喜欢咬手指，有一次参加比赛的时候，不知不觉竟然把手指都咬破了，看到流血了自己才发觉。"

象棋训练无疑是很枯燥的，摆10个小时的棋不仅精神上疲劳，体力上也吃不消。在中国象棋界，蒋川是公认的最用功的人。不过他自己很谦虚："也许还有很多棋手比我用功，我只是最近成绩比较好一点而已。"

千年老二，终成正果

近几年，蒋川大大小小的冠军拿了不少，不过在2008年之前，他还是个著名的"千年老二"，在许多重大比赛中，常常屈居第二。那时候很多棋手对蒋川的评价是："水平到了冠军的级别，但是心理素质还不是特别过硬。"

2008年的"杨官璘杯象棋赛"是蒋川的"翻身之战"，至今他都记忆犹新，"那一次的比赛，我和洪智争夺最后的冠军，当时那盘棋洪智局面大优，几乎是赢定的棋，没想到他下出了漏招，最后被我翻盘成

蒋川盲棋表演

功。"那是蒋川的第一个个人大赛冠军，此后蒋川便开始横扫千军了。他不仅参加大赛，业余的小比赛他也经常去练手，象棋圈内的人曾送他两个绰号，一个是"铁人"，形容他体力好，经常连续作战；另一个叫"大小通吃"，也就是无论大小比赛，他都能拿冠军。

回顾这段破茧成蝶的经历，蒋川说："这个过程很艰苦。特大一直是我的一个梦想，我从大师升特大花了8年时间，期间也时常对自己失去信心，但总算是熬过来了。"蒋川坦言，成为棋王让自己心里一下子敞亮起来。

不过蒋川自己透露，"没有外界传的那么夸张，很多小比赛我也不是都能拿冠军的，也会有输棋。不过我今天输了一盘棋，以后在同样的局面下我就不会再输了。所以我要多比赛来磨炼自己。"这就是蒋川的象棋哲学，也是他的人生哲学——不断的失败才能促使你更加用功。

特别值得一提的是，2010年3月27日盲棋车轮战1对21人，蒋川不吃不喝不上厕所，一动不动地下了8个半小时，最终以12胜7和2负的成绩结束了这场智力对峙，打破了柳大华保持的1对19盲棋纪录。

2013年1月22日，由中央电视台、中国象棋协会、腾讯QQ"天下棋弈"、江苏棋院等单位主办的在扬州个园挑战1对22盲棋，历时7小时42分钟，蒋川取得16胜6和的不败战绩，成功打破自己2010年创下的象棋盲棋世界纪录，创造中国象棋新历史。

PART 14 历史记录

世界象棋锦标赛历届中国冠军

世界象棋锦标赛是世界象棋联合会主办的中国象棋世界大赛，是世界上水平最高规模最大的中国象棋比赛之一。每两年一届。比赛设四个组别，即男子团体、男子个人、女子个人和非亚裔个人。

1990 年第 1 届世界象棋锦标赛（新加坡）

　　男子个人冠军　　吕钦

　　男子团体冠军　　中国队（吕钦、胡荣华）

1991 年第 2 届世界象棋锦标赛（云南）

　　男子个人冠军　　赵国荣

　　男子团体冠军　　中国队（李来群）

　　女子个人冠军　　胡明

1993 年第 3 届世界象棋锦标赛（北京）

　　男子个人冠军　　徐天红

　　男子团体冠军　　中国队（徐天红）

　　女子个人冠军　　胡明

1995 年第 4 届世界象棋锦标赛（新加坡）

　　男子个人冠军　　吕钦

　　男子团体冠军　　中国队（吕钦、陶汉明）

1997 年第 5 届世界象棋锦标赛（香港）

　　男子个人冠军　　吕钦

男子团体冠军　中国队（吕钦、许银川）

1999 年第 6 届世界象棋锦标赛（上海）

　　男子个人冠军　许银川

　　男子团体冠军　中国队（许银川、阎文清）

　　女子个人冠军　金海英

2001 年第 7 届世界象棋锦标赛（澳门）

　　男子个人冠军　吕钦

　　男子团体冠军　中国队（吕钦、胡荣华）

　　女子个人冠军　王琳娜

2003 年第 8 届世界象棋锦标赛（香港）

　　男子个人冠军　许银川

　　男子团体冠军　中国队（许银川、于幼华）

　　女子个人冠军　郭莉萍

2005 年第 9 届世界象棋锦标赛（巴黎）

　　男子个人冠军　吕钦

　　男子团体冠军　中国队（吕钦、刘殿中）

　　女子个人冠军　郭莉萍

2007 年第 10 届世界象棋锦标赛（澳门）

　　男子个人冠军　许银川

　　男子团体冠军　中国队（许银川、洪智）

　　女子个人冠军　伍霞

2009 年第 11 届世界象棋锦标赛（山东）

　　男子个人冠军　赵鑫鑫

　　男子团体冠军　中国队（赵鑫鑫）

　　女子个人冠军　尤颖钦

2011 年第 12 届世界象棋锦标赛（印尼雅加达）

　　男子个人冠军　蒋川

　　男子团体冠军　中国队（蒋川、许银川）

　　女子个人冠军　唐丹

亚洲象棋锦标赛和亚洲象棋个人锦标赛历届中国冠军

1980 年第 1 届亚洲象棋锦标赛

　　男子团体冠军中国队（胡荣华、柳大华、王嘉良）

　　女子个人冠军　谢思明

1981 年第 1 届亚洲象棋个人锦标赛

　　冠军　陈孝坤

1982 年第 2 届亚洲象棋锦标赛

　　男子团体冠军中国队（胡荣华、柳大华、李来群、陈孝坤）

　　女子个人冠军　谢思明

1984 年第 3 届亚洲象棋锦标赛

　　男子团体冠军中国队（胡荣华、李来群、卜凤波）

　　女子个人冠军　谢思明

1985 年第 2 届亚洲象棋个人锦标赛

　　冠军　吕钦

1986 年第 4 届亚洲象棋锦标赛

　　男子团体冠军中国队（胡荣华、陈孝坤、徐天红）

　　女子个人冠军　高华

1987 年第 3 届亚洲象棋个人锦标赛

　　冠军　卜凤波

1988 年第 5 届亚洲象棋锦标赛

　　男子团体冠军中国队（胡荣华、柳大华、李来群）

　　女子个人冠军　谢思明

1989 年第 4 届亚洲象棋个人锦标赛

　　冠军　赵国荣

1990 年第 6 届亚洲象棋锦标赛

男子团体冠军中国队（胡荣华、徐天红、、张晓平）

女子团体冠军中国队（胡明、黄薇）

1991 年第 5 届亚洲象棋个人锦标赛

男子冠军　胡荣华

女子冠军　黄薇

1992 年第 7 届亚洲象棋锦标赛

男子团体冠军中国队（李来群、吕钦、徐天红、许银川）

女子团体冠军中国队（胡明、黎德玲）

1993 年第 6 届亚洲象棋个人锦标赛

男子冠军　胡荣华

女子冠军　欧阳琦琳

1994 年第 8 届亚洲象棋锦标赛

男子团体冠军中国队（许银川、吕钦、柳大华、苗永鹏）

女子个人冠军　胡明

少年冠军　陈富杰

1995 年第 7 届亚洲象棋个人锦标赛

男子冠军　许银川

女子冠军　张国凤

1996 年第 9 届亚洲象棋锦标赛

男子团体冠军中国队（许银川、吕钦、柳大华）

女子个人冠军　伍霞

少年冠军　王斌

1997 年第 8 届亚洲象棋个人锦标赛

男子冠军　于幼华

女子冠军　黄薇

1998 年第 10 届亚洲象棋锦标赛

男子团体冠军中国队（许银川、吕钦、林宏敏、万春林）

女子个人冠军　王琳娜

1999 年第 9 届亚洲象棋个人锦标赛

男子冠军　金波

2000 年第 11 届亚洲象棋锦标赛

男子团体冠军中国队（许银川、吕钦、庄玉庭、黄海林）

少年冠军　朱琮思

2001 年第 10 届亚洲象棋个人锦标赛

男子冠军　聂铁文

女子冠军　赵冠芳

2002 年第 12 届亚洲象棋锦标赛

男子团体冠军中国队（许银川、吕钦、宗永生、黄海林）

女子个人冠军　张国凤

少年冠军　赵鑫鑫

2003 年第 11 届亚洲象棋个人锦标赛

男子冠军　黄海林

女子冠军　王琳娜

2004 年第 13 届亚洲象棋锦标赛

男子团体冠军中国队（林宏敏、万春林、孙勇征、谢靖）

女子个人冠军　党国蕾

少年冠军　王天一

2005 年第 12 届亚洲象棋个人锦标赛

男子冠军　孙勇征

女子冠军　金海英

2006 年第 14 届亚洲象棋锦标赛

男子团体冠军中国队（吕钦、许银川、陈富杰、李鸿嘉）

女子个人冠军　赵冠芳

少年冠军　钟少鸿

2007 年第 13 届亚洲象棋个人锦标赛

男子冠军　潘振波

女子冠军　陈丽淳

2008 年第 15 届亚洲象棋锦标赛

男子团体冠军中国队（吕钦、许银川、孙勇征、谢靖）

女子个人冠军　唐丹

少年冠军　郑惟桐

2009 年第 14 届亚洲象棋个人锦标赛

男子冠军　吕钦

女子冠军　刘欢

2010 年第 15 届亚洲象棋锦标赛

男子团体冠军中国队（吕钦、许银川、洪智、汪洋）

女子个人冠军　王琳娜

少年冠军　郑惟桐

2012 年第 17 届亚洲象棋锦标赛

男子团体冠军中国队（蒋川、王天一、张强、王跃飞）

女子个人冠军　王琳娜

少年冠军　郑惟桐

全国象棋个人锦标赛历届冠亚军

年　份	地　点	冠　军	亚　军
1956	北京	杨官璘	王嘉良
1957	上海	杨官璘	王嘉良
1958	广州	李义庭	何顺安
1959	北京	杨官璘	李义庭、王嘉良并列
1960	北京	胡荣华	何顺安
1962	合肥	胡荣华	杨官璘（并列冠军）
1964	杭州	胡荣华	蔡福如
1965	银川	胡荣华	杨官璘
1966	郑州	胡荣华	臧如意
1974	成都	胡荣华	杨官璘

续　表

年　份	地　点	冠　军	亚　军
1975	北京	胡荣华	蒋志梁
1976	因故只进行了预赛，未举行决赛		
1977	太原	胡荣华	朱永康
1978	郑州	胡荣华	杨官璘
1979	北京	胡荣华	杨官璘
1980	乐山	柳大华	徐天利
1981	温州	柳大华	李来群
1982	成都	李来群	胡荣华
1983	昆明	胡荣华	吕　钦
1984	广州	李来群	胡荣华
1985	南京	胡荣华	赵国荣
1986	湘潭	吕　钦	徐天红
1987	蚌埠	李来群	徐天红
1988	呼和浩特	吕　钦	胡荣华
1989	重庆	徐天红	胡荣华
1990	杭州	赵国荣	李来群
1991	大连	李来群	吕　钦
1992	北京	赵国荣	徐天红
1993	青岛	许银川	吕　钦
1994	郴州	陶汉明	吕　钦
1995	吴县	赵国荣	许银川
1996	宁波	许银川	吕　钦
1997	漳州	胡荣华	吕　钦
1998	深圳	许银川	阎文清
1999	镇江	吕　钦	许银川
2000	蚌埠	胡荣华	许银川
2001	西安	许银川	王　斌

年　份	地　点	冠　军	亚　军
2002	宜春	于幼华	陶汉明
2003	武汉	吕　钦	万春林
2004	璧山	吕　钦	刘殿中
2005	太原	洪　智	潘振波
2006	太原	许银川	赵国荣
2007	呼和浩特	赵鑫鑫	吕　钦
2008	佛山	赵国荣	洪　智
2009	昆明	许银川	吕　钦
2010	石家庄	蒋　川	王跃飞
2011	茅山	孙勇征	许银川
2012	磐安	王天一	汪　洋